Geschenke verpacken mit Phantasie und Ökologie

D1859343

Geschenke verpacken mit Phantasie und Ökologie

Von Team H. & Y. Nadolny

humboldt

Freizeit & Hobby

humboldt-Taschenbuch 732

Die Autoren:
Yvonne Thalheim aus dem Team H. & Y. Nadolny ist Autorin zahlreicher Sachbücher aus den Bereichen kreatives Gestalten, Zeichnen und Kunsthandwerk sowie Kind und Familie.
Zusammen mit dem Diplom-Grafikdesigner Harald Nadolny macht sie Fotoreportagen für diverse Zeitschriften.
Von beiden erschien bereits das humboldt-Taschenbuch 716, Origami – Zaubereien mit Papier.

Hinweis für den Leser:
Alle Angaben in diesem Buch ohne Gewähr.

Umschlaggestaltung: Wolf Brannasky, München
Umschlagfoto: Fotostudio Bornemann, München
Fotos im Innenteil: Team H. & Y. Nadolny

© 1994 by Humboldt-Taschenbuchverlag Jacobi KG, München
Druck: Aprinta, Wemding
Printed in Germany
ISBN 3-581-66732-0
1 * 94

Inhalt

Vorwort 7

Material und Werkzeug 9

Grundtechniken 12

Schachtelverpackungen 12
- Klassische Schachtelverpackung 13
- Schachtel mit Tuff 15
- Schachtel mit Rolle 18

Rundverpackungen 20
- Traditionelle Dosenverpackung 21
- Dose mit Ringellocken 23
- Dose mit gerollter Spitze 26

Flaschenverpackungen 28
- Einfache Flaschenverpackung 29
- Fächerflasche 31
- Flasche mit Faltendekor 34

Ausgefallene Formen 36
- Tüte 37
- Tasche 39
- Pyramide 42

Dekorationen 44
- Gebundene Schleife 45
- Rosettenschleife 46
- Fächer 47
- Metallformen 50

Geschenke rund ums Jahr 52

Geburtstag von »Ihr« 52
Geburtstag von »Ihm« 55
Kindergeburtstag 58
Namenstag 62
Ostern 70
Weihnachten 74

Der besondere Anlaß 80

Taufe 80
Hochzeit 86
Jubiläum 91

Verpackungen mit Naturmaterialien 96

Geldgeschenke 96
Blätter, Blüten und Zweige 102
Neues aus Packpapier und Wellpappe 106
Ausgefallene Verpackungen 114
Marmoriertes Papier und Zeitungen 118
Tierische Verpackungen 123

Register 126

Vorwort

Woran erkennt man ein Geschenk? Ganz einfach: an der Verpackung. So wie Kleider Leute machen, so macht auch erst die passende Umhüllung einen Gegenstand zum Geschenk. Verpackungen sollen dem Empfänger zeigen, daß man ihn mag und daß man ihm eine Freude bereiten möchte. Sie sollen neugierig machen auf den Inhalt, Festtagsstimmung verbreiten und – wie es beispielsweise in Japan Tradition ist – Glückwünsche übermitteln.
Dieses Buch möchte Ihnen einen Einblick in die Vielseitigkeit von Geschenkverpackungen geben. Anlässe wie Geburtstag, Weihnachten, Hochzeit oder Taufe erfordern unterschiedliche Aufmachungen. Kinder finden andere Hüllen schön als Erwachsene, und Jugendliche haben wieder völlig andere Vorstellungen von pfiffigen Verpackungen als ihre Großeltern. Für alle diese verschiedenen Geschmacksrichtungen sowie für die wichtigsten Festtage, zu denen Geschenke überreicht werden, finden Sie Beispiele, die Sie leicht nacharbeiten können. Dabei wird grundsätzlich auf die Umweltverträglichkeit der Verpackungen geachtet. Ein besonderes Kapitel beschäftigt sich zudem mit nach ökologischen Gesichtspunkten angefertigten Geschenkhüllen. Hier wird ausschließlich mit ungebleichten Papieren gearbeitet und gezeigt, daß man auch aus Wellpappe, Packpapier und Zeitungen schöne Verpackungen anfertigen kann. Selbst aus Blättern und Gräsern lassen sich originelle Umhüllungen zaubern.
Im Kapitel »Grundtechniken« erfahren Sie, wie die typischen Formen »Schachtel«, »Dose« und »Flasche« fachgerecht in Papier eingeschlagen werden, und Sie erhalten jeweils zwei weitere Variationsmöglichkeiten zur Auswahl. Wer einmal etwas Ausgefallenes ausprobieren möchte, faltet die Teile »Tüte«, »Tasche« oder »Pyramide« nach. Diese Verpackungsideen sind für Geschenke gedacht, deren äußere Form den Inhalt verraten

könnte. Hier wird zuerst die Verpackung hergestellt und dann das Geschenk hineingesetzt.
Sicher werden Sie bereits beim Durchblättern des Buches Lust bekommen, eine neue Verpackungsidee auszuprobieren oder nach eigenen Vorstellungen abzuwandeln. Vielleicht versuchen Sie sich auch zunächst an den Accessoires wie an einer Schleife oder einem Papierfächer. Wer erst einmal einen Blick für außergewöhnliche Formen, Faltungen und Bindetechniken bekommen hat, wird jede Gelegenheit nutzen, um mit Papier, Stoffen und Bändern zu experimentieren. Schließlich bereitet es nicht nur Freude, eine außergewöhnliche Verpackung überreicht zu bekommen, es macht auch großen Spaß, individuell gestaltete Geschenkumhüllungen anzufertigen.

Yvonne Thalheim

Schöne Papiere gibt es in großer Vielfalt

Material und Werkzeug

Die Grundlage jeder Verpackung ist das Material, in welches das Geschenk eingehüllt wird. Papiere sind in allen nur denkbaren Farben und Mustern zu bekommen. Wer seine Präsente nach ökologischen Gesichtspunkten verpacken möchte, achtet beim Einkauf auf Recyclingpapier oder Papier, das aus ungebleichtem Zellstoff hergestellt wurde. Darüber hinaus kann man auch Seidenpapier, Packpapier und Wellpappe sowie Tapetenreste, alte Landkarten oder Stadtpläne verwenden. Etwas Besonderes sind handgeschöpftes Papier und Maulbeerbaumrindenpapier. Diese Spezialpapiere erhält man in guten Schreibwarenläden.

Die erforderlichen Werkzeuge haben Sie bereits im Haus

Auch Stoffe wie Tüll, Taft, Leinen und Rupfen können zum Einschlagen von Präsenten genommen werden. Außergewöhnlich sind auch Schals, Geschirr- und Handtücher. Damit wird schon die Hülle zum Geschenk.
Wenn die Verpackung nicht länger als einen Tag halten muß, probieren Sie einmal die originellen Umhüllungen aus Gräsern, Blättern und Zweigen aus. Keine Angst, Sie müssen dazu nicht Ihre Zimmer- oder Gartenpflanzen plündern: passendes Grün gibt es in Blumengeschäften.

Zum Dekorieren der Grundverpackungen verwendet man Schleifenbänder aus Papier, Satin, Taft und Tüll sowie Bast- und Lederbänder, Zierkordeln und Messingdraht. Mit Federn, Pfeifenputzern, Prägezahlen, Beeren und Blüten schmückt man die Verpackungen zusätzlich aus. Auch Tortenspitzen, Eisschirmchen und Lampionsticker eignen sich zum Verzieren ausgefallener Geschenkumhüllungen.
Als Accessoires kommen übrigens nicht nur die in Hobby- und Schreibwarengeschäften erhältlichen Deko-Artikel in Betracht. Sie können fast alles nehmen, was klein genug ist, um auf einem Päckchen Platz zu finden. Also auch japanische Eßstäbchen, Trinkhalme und Minischlösser. Selbst Muscheln, Holzketten und kleine Anhänger lassen sich als Dekorationsmaterial verwenden. Weitere Anregungen erhalten Sie in Kaufhäusern, Baumärkten und Handarbeitsgeschäften.
Ein Problem stellt manchmal die Beschriftung der Verpackungen dar. Am einfachsten bringen Sie den gewünschten Schriftzug mit Abreibebuchstaben auf. Dazu werden die einzelnen Buchstaben auf das Päckchen aufgelegt und mit Kugelschreiber durchgedrückt. Mit wasserfestem Filzstift können ebenfalls Grüße übermittelt werden. Glückwunschaufkleber sind meist zu klein und kommen nur auf einfarbigem Papier zur Geltung.

Die Grundausstattung an Werkzeugen, die Sie zum Geschenkeverpacken benötigen, ist sicher in jedem Haushalt vorhanden. Mit Lineal und Bleistift werden Papiere ausgemessen und markiert. Zum Ausschneiden leistet neben einer Schere auch ein Papiermesser (Cutter) gute Dienste. Besondere Effekte erzielen

Accessoires geben der Verpackung ihr individuelles Aussehen

Sie mit einer Zickzack- oder Schneiderschere. Für die Klebearbeiten verwenden Sie möglichst lösemittelfreien Papierkleber oder Doppelklebeband. Als hilfreich hat sich der Kleberoller erwiesen, mit dem man schnell und sauber offene Papierkanten schließen kann. Eine Klebepistole benötigen Sie für Blätterverpackungen und großformatige Päckchen. Ein Tacker empfiehlt sich zum Zusammenfassen verschiedener Dekorationsmaterialien, und mit einem Locher können Sie gezielt kreisrunde Öffnungen zum Durchziehen von Geschenkbändern anbringen. Farbstifte, Stecknadeln, Blumendraht und ein Seitenschneider sind weitere Hilfsmittel, die man bereithalten sollte.

Grundtechniken

Schachtelverpackungen

Die klassische Schachtelverpackung

Rechteckige und quadratische Schachteln gehören zu den Grundformen, die am häufigsten verpackt werden. Gerade deshalb ist es angebracht, neben der Standardversion noch weitere Verpackungsmöglichkeiten zu kennen. Mit wenig Aufwand lassen sich überraschende Effekte erzielen.

Klassische Schachtelverpackung

Legen Sie die Schachtel in die Mitte des Geschenkpapiers, und schlagen Sie sie in den unteren und oberen Papierteil ein. An den seitlichen Kanten steht jeweils gleich viel Papier über. Die Seitenteile nach innen drücken und die dadurch entstandenen Klappen nach oben und unten falten. Die Klappen verdeckt mit Doppelklebeband oder mit dem Kleberoller fixieren.
Nach dieser Anleitung lassen sich Schachteln aller Art mit Geschenkpapier umhüllen. Die Voraussetzungen für eine gelungene Verpackung sind natürlich genauer Zuschnitt und sauberes Falten der Kanten.

Die Schachtel in das Papier einschlagen, ...

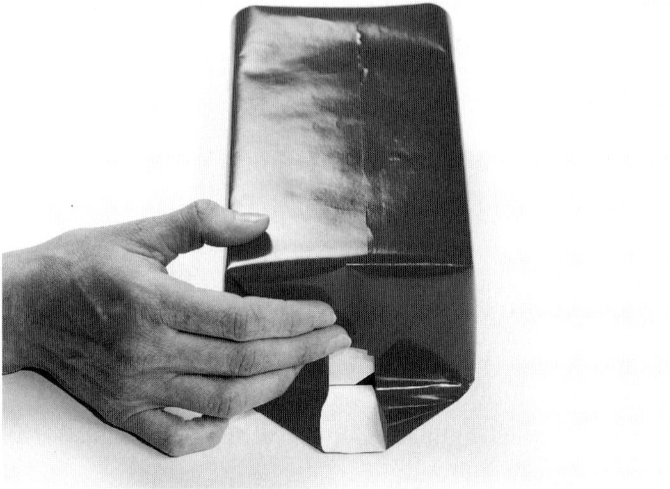

... die Seitenteile nach innen drücken und ...

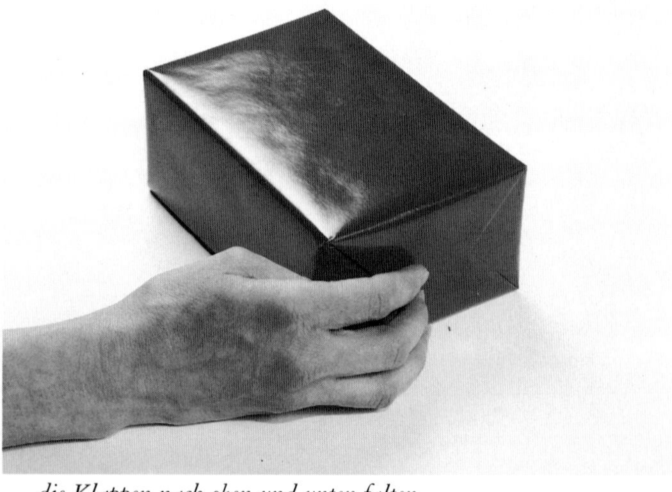

... die Klappen nach oben und unten falten

Schachtel mit Tuff

Legen Sie die Schachtel diagonal auf das Geschenkpapier. Ziehen Sie dann das Papier seitlich an den Kanten hoch, und fassen Sie es oben auf der Verpackung mit Geschenkband zusammen. Dabei mit einer Ecke des Papiers beginnen und nach und nach die anderen Ecken hochstreifen. Überschüssiges Papier wird in Falten gelegt. Diese Verpackungstechnik eignet sich vor allem für kleine Schachteln. Die Größe des Tuffs hängt von den Maßen des Papierzuschnitts ab, sein Aussehen wird durch die Art des Verpackungsmaterials bestimmt. Besonders dekorativ wirken Tuffs aus Seidenpapier, Tüll und Zauberfolie. Für zwei- und dreifarbige Tuffs verwendet man das Papier oder den Stoff in mehreren Lagen übereinander.

Tip: Schneiden Sie zur Abwechslung die Spitzen des Tuffs rund, oder bearbeiten Sie die Ränder mit der Zackenschere.

Das Päckchen diagonal auf das Papier legen, ...

... die Ecken hochziehen und ...

... oben in der Mitte zusammenbinden

Schachtel mit Tuff

Schachtel mit Rolle

Schachtel mit Rolle

Schlagen Sie die Schachtel in eine Hälfte des Papiers ein. An den Seiten das Papier einknicken und mit Doppelklebeband fixieren. Dann ziehen Sie das überstehende Papierteil nach oben und rollen es leicht zusammen. Die Rolle mit Doppelklebeband auf der Verpackung befestigen.
Beim Zuschnitt bestimmen Sie die Größe der Rolle. Je mehr Papier Sie für den seitlich überstehenden Streifen bemessen, desto voluminöser wird auch der gerollte Dekorationsteil.

Übrigens: Statt zu einer Rolle können Sie das Papier auch zu einer Tüte drehen. Die Tütenöffnung kann dann mit Gräsern oder einer Rosettenschleife (siehe Seite 46) geschmückt werden.

Zuerst das Geschenk auf eine Seite des Papiers legen, ...

... dann die Seitenteile schließen, ...

... das überstehende Papierteil nach oben ziehen und rollen

Rundverpackungen

Wer schon einmal eine Dose verpackt hat, kennt die Schwierigkeit, die Rundung gekonnt mit Papier zu umhüllen. Auf den folgenden Seiten stellen wir Ihnen drei Auswahlmöglichkeiten vor, wie Sie durch Falten, Rollen oder Schneiden das Papier in die gewünschte Form bringen können.

Die traditionelle Dosenverpackung

Traditionelle Dosenverpackung

Rollen Sie die Dose in das Papier ein, und kleben Sie es entlang der Kante zusammen. Schlagen Sie dann das Papier am Dosenboden vorerst grob ein, und stellen Sie die Verpackung senkrecht. Das oben überstehende Papier wird wie folgt geknickt: Zuerst die untenliegende Papierkante zum Mittelpunkt hin falten und vom äußeren Rand her Falte für Falte leicht versetzt nachdrücken. Dann die sternförmige Faltung anheben und die letzte Falte unter die erste schieben. Die Dose umdrehen und die untere Seite genauso bearbeiten.
Besonders schön sieht diese Verpackungstechnik bei flachen Plätzchendosen aus. Voraussetzung ist natürlich, daß sie auf der Sichtseite sehr sorgfältig gefaltet werden. Wem diese Methode zu schwierig erscheint, der schneidet das oben und unten überstehende Papier in etwa 1 cm breite Streifen. Diese werden dann einfach auf den Mittelpunkt des Dosendeckels beziehungsweise -bodens geknickt und zusammengeklebt.

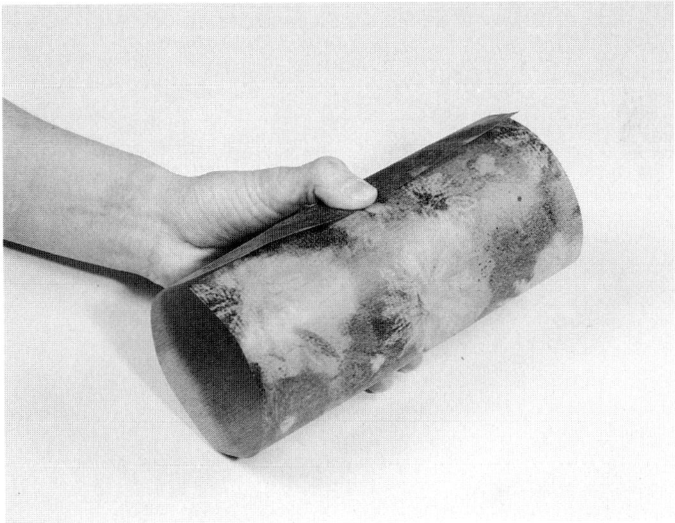

Die Dose in das Papier einrollen, ...

... die untenliegende Papierkante zum Mittelpunkt falten und ...

... vom äußeren Rand her Falte für Falte nachdrücken

Dose mit Ringellocken

Schneiden Sie die obere und untere Kante des Geschenkpapiers in etwa 1 cm breite Streifen. In der Mitte bleibt ein Papierstück frei, das der Länge der Dose entspricht. Die Streifen der unteren Kante haben die Länge des halben Dosendurchmessers; die Länge der oberen Streifen ist freigestellt. Anschließend rollen Sie die Dose in das Geschenkpapier ein. Die Streifen der unteren Papierkante auf die Mitte des Dosenbodens falten und mit Klebeband befestigen. Dann die Dose senkrecht stellen und die oben überstehenden Papierstreifen zusammenbinden. Wer möchte, kräuselt die Streifen mit einer Schere.
Auch bei dieser Verpackungstechnik hängt das Aussehen der Geschenkhülle stark von dem verwendeten Material ab. Normales Geschenkpapier läßt sich problemlos schneiden und auch kräuseln. Folien kann man einfach in Streifen reißen und natürlich auch zu Ringellocken verarbeiten.

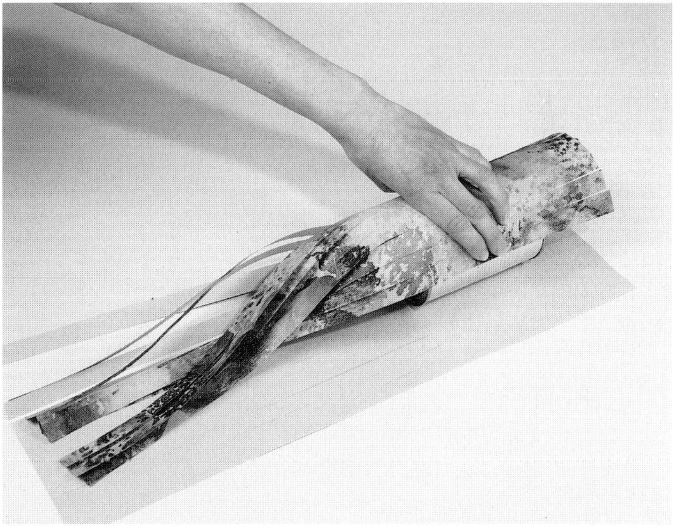

Die Dose in das in Streifen geschnittene Papier einrollen, ...

… die oben überstehenden Streifen zusammenbinden …

… und mit einer Schere kräuseln

Dose mit Ringellocken

Dose mit gerollter Spitze

Dose mit gerollter Spitze

Rollen Sie die Dose in das Geschenkpapier ein. Falten Sie das Papier am Dosenboden, und befestigen Sie es mit Klebeband. Dann wird die Dose senkrecht gestellt, das oben überstehende Papier seitlich geknickt und flach gefaltet. Rollen Sie nun das Papierteil zur Schnecke, und ziehen Sie die Spitze heraus. Die Dose mit Federn oder Schleifen schmücken.
Auch hier gilt: Je länger das oben überstehende Papierteil, desto größer die Spirale. Sie muß übrigens nicht bis ganz nach unten gerollt werden. Ansprechend sieht auch eine nur im oberen Teil gerollte Spitze aus.

Tip: Verwenden Sie möglichst weiches Papier für diese Verpackung. Tonpapier oder Karton sind für diese Technik nicht geeignet.

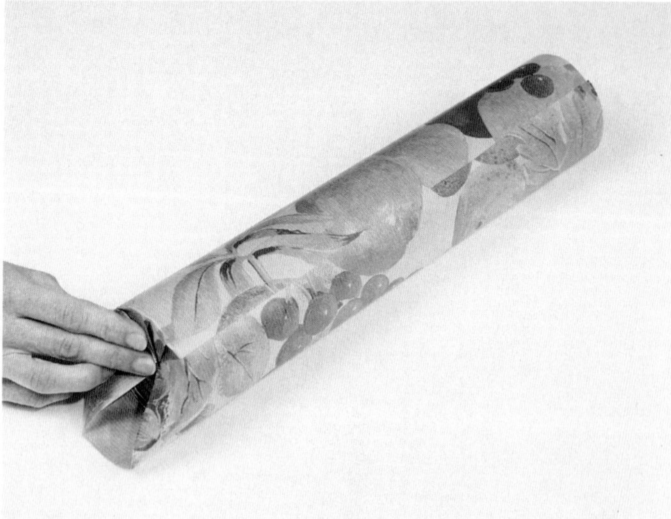

Das Papier am Dosenboden einschlagen, ...

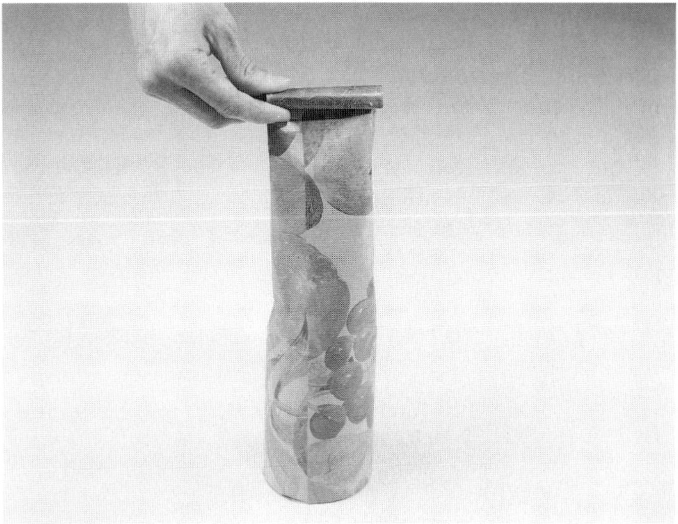

... das oben überstehende Papierteil rollen und ...

... vorsichtig die Spitze herausziehen

Flaschenverpackungen

Wer die Grundtechniken des Verpackens beherrscht, kann auch komplizierte Formen wie Flaschen mit wenigen Handgriffen in Geschenkpapier einhüllen. Die besondere Note erhält die Verpackung durch Fächer, Schleifen und Deko-Blüten, die Sie anschließend aufkleben. Eine nette Idee sind in die Dekoration eingearbeitete Minipäckchen, die eine kleine Überraschung enthalten.

Die einfache Flaschenverpackung

Einfache Flaschenverpackung

Rollen Sie die Flasche in das Geschenkpapier ein, und kleben Sie das Papier an der inneren Kante zusammen. Dann wird das Papier am Flaschenboden eingeschlagen und mit Klebeband fixiert. Die Flasche senkrecht stellen und das obere Papierteil an der offenen Kante zusammendrücken, zweimal einschlagen und festkleben. Die fertige Verpackung mit Schleifen, Blüten, Gräsern oder anderen Accessoires verzieren.
Obwohl die Methode zu den einfachsten Verpackungsmöglichkeiten gehört, sind die Ergebnisse sehr ansprechend. Selbst dickbauchige oder langhalsige Flaschen lassen sich nach dieser Technik problemlos verhüllen.

Übrigens: Papiere mit ausgefallenem Dekor kommen hierbei besonders gut zur Geltung.

Die Flasche in das Papier einrollen, ...

... das Papier am Flaschenboden einschlagen und ...

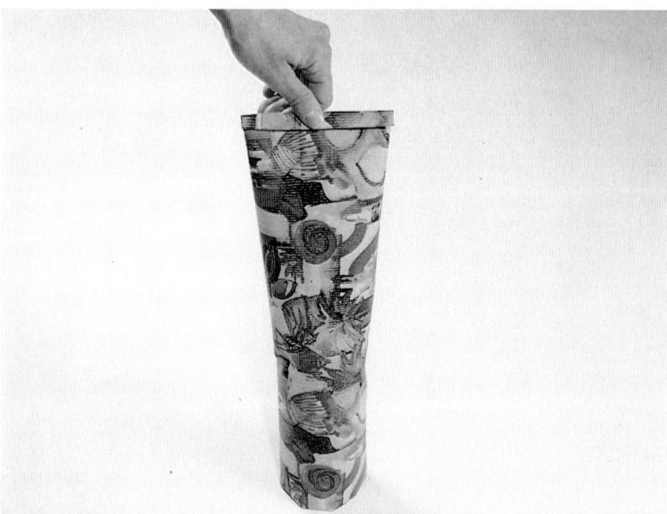

... das obere Papierteil zweimal falten

Fächerflasche

Legen Sie die Flasche diagonal auf den Bogen Geschenkpapier, und rollen Sie sie bis zur Mitte ein. Die Papierecke am Flaschenboden wird vorher nach innen geknickt. Falten Sie das seitlich überstehende Papierteil wie eine Ziehharmonika zusammen, und befestigen Sie es mit Klebeband am Flaschenrand. Dann schlagen Sie das Papier am Boden der Flasche ein und öffnen den Schmetterlingsfächer.
Aufwendige Dekorationen sind bei der Fächerflasche überflüssig. Die direkt zur Verpackung gehörende Faltung reicht als Blickfang völlig aus.

Tip: Fächer wirken auf vielen Verpackungen gut. Wer sie nicht direkt einarbeiten möchte, faltet aus dem gleichen Papier, aus dem die Geschenkhülle gearbeitet wurde, einen Fächer und befestigt ihn mit Doppelklebeband an der Flasche oder dem Päckchen.

Die Flasche diagonal auf das Papier legen, ...

... das seitlich überstehende Papier wie eine Ziehharmonika falten, ...

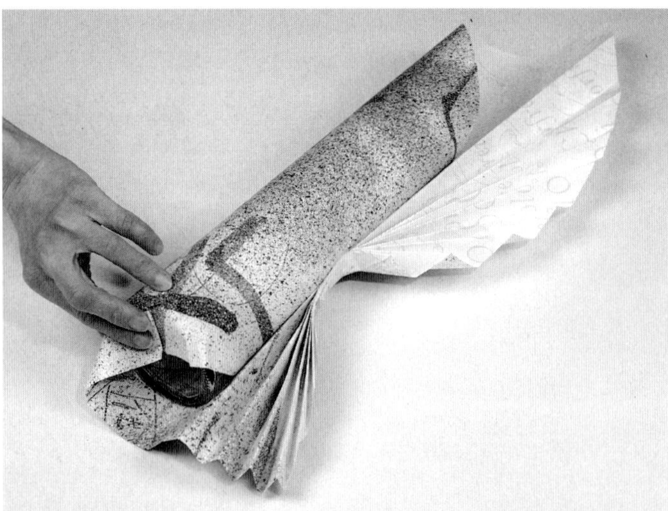

... dann das Papier am Boden einschlagen und den Fächer öffnen

Fächerflasche und Flasche mit Faltendekor

Flasche mit Faltendekor

Zuerst rollen Sie die Flasche in das Geschenkpapier ein. An der inneren Kante kleben Sie das Papier zusammen. Dann wird das Papier am Flaschenboden eingeschlagen und mit Klebeband befestigt. Stellen Sie die Flasche senkrecht, und falten Sie das oben überstehende Papierteil wie eine Ziehharmonika nach unten. Fixieren Sie die Faltung in der Mitte mit einem Klebestreifen auf der Flasche, und öffnen Sie die Seitenteile.
Die fertige Verpackung können Sie - wie bei unserem Beispiel - mit einer Rose schmücken und mit Geschenkbändern verzieren. Ganz anders wirkt die Flasche, wenn Sie einfarbiges Geschenkpapier verwenden und auf die Hülle Augen und Barthaare kleben. Die Verpackung sieht dann wie eine Katze aus (siehe Seite 123), die obere Faltung wird zu den Katzenohren. Auch andere Tiere wie Hund, Eule oder Maus lassen sich auf diese Weise darstellen.

Die Flasche in das Papier einrollen und den Boden umschlagen

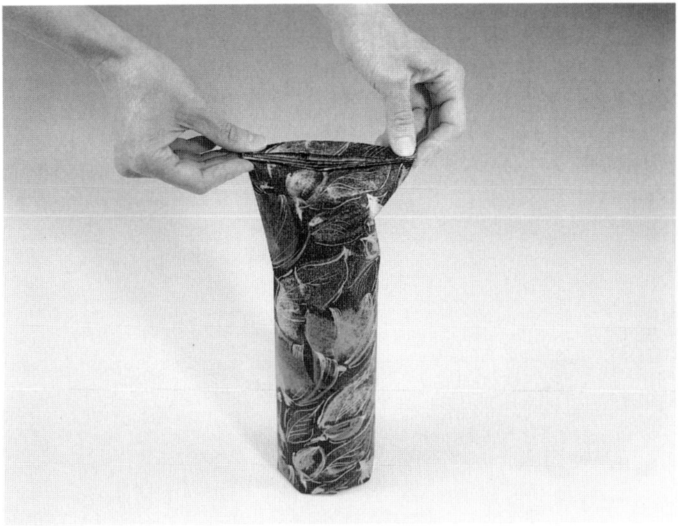

Das obere Papierteil ziehharmonikaartig falten und ...

... in der Mitte mit Klebestreifen befestigen

Ausgefallene Formen

Neben der Möglichkeit, das Geschenk direkt in Papier einzuschlagen, können Sie auch zuerst die Verpackung herstellen, in die Sie anschließend das Präsent hineinlegen. Diese Methode ist besonders dann vorteilhaft, wenn das Päckchen sehr klein ist oder seine äußere Form Hinweise auf den Inhalt zuläßt. Eine Tüte, eine Tasche oder eine Pyramide lassen sich leicht aus Geschenkpapier anfertigen und können später noch zum Aufbewahren von Kleinigkeiten benutzt werden.

Die Tüte

Tüte

Zeichnen Sie eine Viertelkreis auf ein Stück Papier mit den Maßen 50 x 30 cm. Benutzen Sie dazu den »Kordelzirkel«, das ist ein Stück Kordel mit einem angebundenen Bleistift an einem Ende. Zeichnen Sie mit diesem improvisierten Zirkel von einer Ecke des Papiers aus einen Bogen, und schneiden Sie die markierte Fläche aus. Dann wird das Papierteil zu einer Tüte gerollt und zusammengeklebt. Einen Streifen Kreppapier an der Längskante einmal umschlagen und am Tütenrand festkleben. Die Geschenktüte füllen und oben zusammenbinden.
Wer eine größere oder kleinere Tüte anfertigen möchte, verändert die Maße entsprechend. Für eine Schultüte benötigen Sie ein Stück Tonpapier oder Fotokarton mit den Maßen 70 x 50 cm. Kleine »Eistüten« können Sie aus Geschenkpapierresten herstellen. Mit Pralinen oder anderen Kleinigkeiten gefüllte Minitüten bindet man als zusätzliche Überraschung an größere Geschenke.

Mit dem Kordelzirkel einen Viertelkreis ziehen, ...

... die Tüte zusammenkleben und mit Kreppapier verzieren, ...

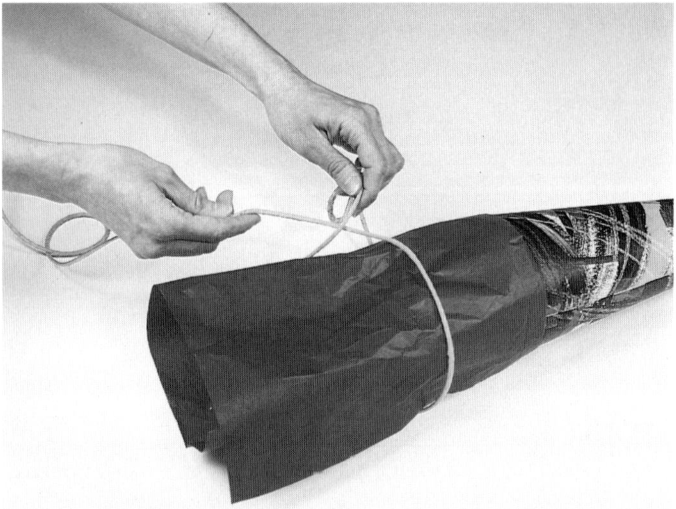

... dann die Tüte mit Geschenken füllen und verschließen

Tasche

Falten Sie die Seiten eines Papierstückes zur Mitte hin um, und kleben Sie die Kanten zusammen. Für den Boden klappen Sie an einem Ende die obenliegende Papierseite hoch und falten die gegenüberliegenden Kanten aufeinander. Diese Kanten werden ebenfalls miteinander verklebt. Dann knicken Sie das Papierteil an den Seiten und öffnen die Tasche.
Als Verschluß können Sie die obere Kante zweimal umschlagen und festkleben. Gut sieht es auch aus, wenn Sie die Umschlagskante lochen, durch die Öffnungen Geschenkband ziehen und zu einer Schleife binden. Ebenfalls nicht ganz alltäglich ist die Tasche mit Henkel. Dazu kleben Sie einen Streifen Geschenkpapier an beiden Seiten der Tasche fest, oder Sie wickeln aus dünnem Kupferdraht eine Spirale, die Sie dann beidseitig an der Taschenöffnung befestigen (siehe Seite 118).

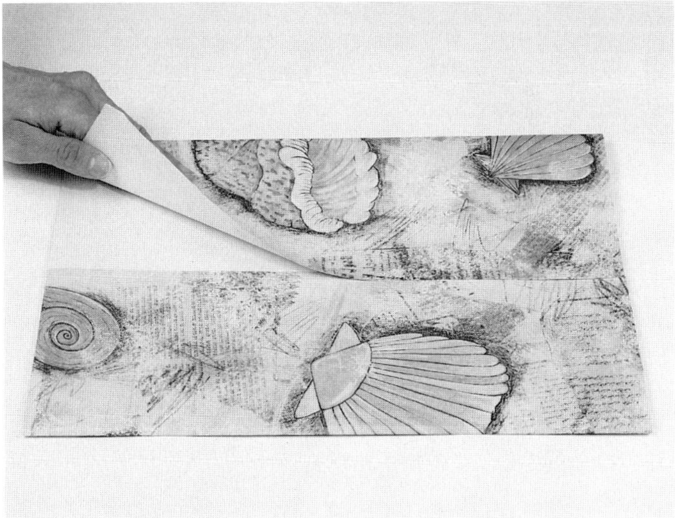

Die Seiten eines Papierbogens auf die Mitte falten, ...

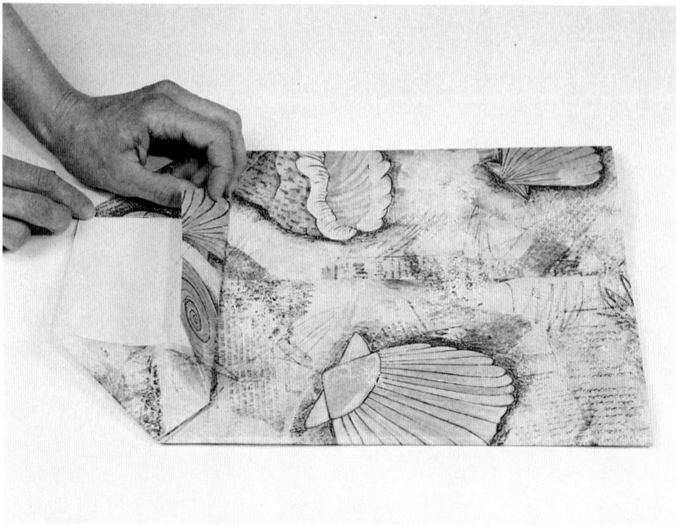

... die obere Papierseite hochklappen und falten und ...

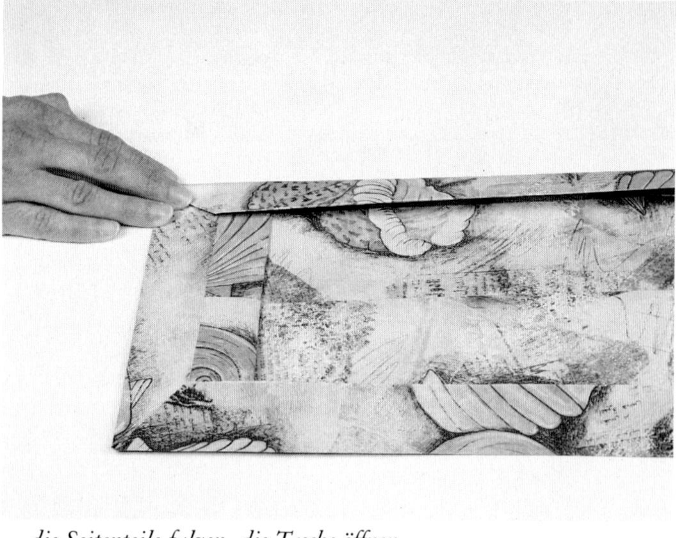

... die Seitenteile falzen, die Tasche öffnen

Die Tasche

Die Pyramide

Pyramide

Falten Sie die Längsseiten eines Papierstücks auf die Mitte, und verkleben Sie die Kanten. Der Bogen Papier sollte doppelt so lang sein wie breit. Dann wird eine Seite des Teils knappkantig umgeschlagen und zusammengeklebt. Das Geschenk in die Pyramide legen und die noch offene Seite in der Mitte hochziehen. Die Kante umschlagen und ebenfalls mit Klebstoff fixieren.

Pyramiden kann man in verschiedenen Größen und aus unterschiedlichen Papieren anfertigen. Sie sind verblüffend einfach nachzufalten; dennoch wird jemand, der diese Verpackungstechnik nicht kennt, kaum herausfinden können, wie die lustigen Dreiecke gearbeitet werden. Egal was Sie auch verpacken möchten, in dieser Geschenkhülle wirkt es auf jeden Fall extravagant und außergewöhnlich.

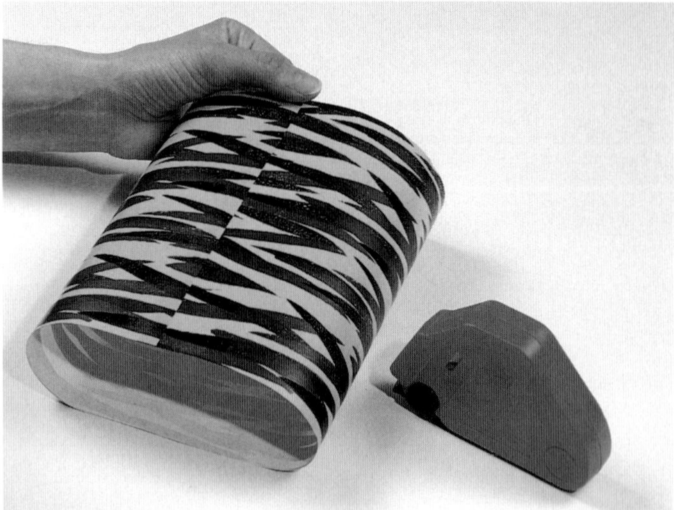

Die Seiten eines Papierstücks auf die Mitte falten, ...

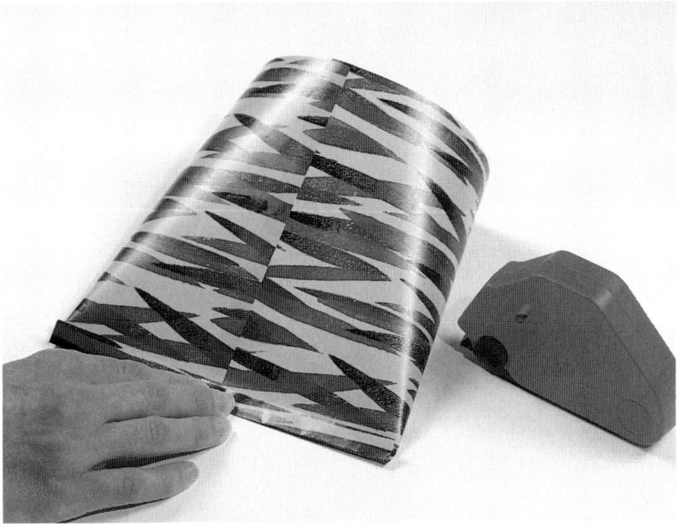

... das Papierteil an einer Kante umschlagen, ...

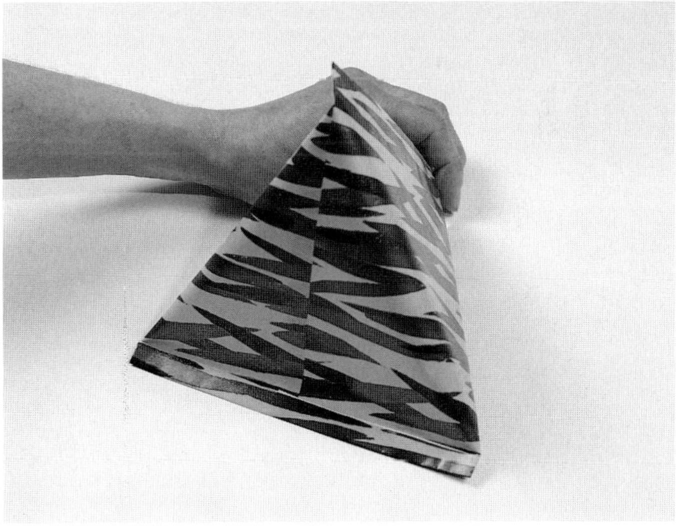

... die andere Kante in der Mitte hochziehen und ebenfalls knicken

Dekorationen

Schleifen und Fächer geben einer Verpackung ihren unverwechselbaren Charakter. Selbst ein unscheinbares Päckchen wird mit einer kunstvoll gebundenen Schleife zu einer exklusiven Geschenkhülle. Es lohnt sich, die auf den folgenden Seiten vorgestellten Bindetechniken mit veschiedenen Bändern auszuprobieren oder unterschiedliche Schleifen zu einer Riesenschleife zusammenzubinden.

Gebundene Schleife und Rosettenschleife

Gebundene Schleife

Legen Sie ein Stück Geschenkband zu zwei Schlaufen. Schlagen Sie dann mit dem langen Bandende zwei weitere Schlaufen um die beiden ersten. Die Schleife in der Mitte mit Garn zusammenbinden und um den Knoten ein weiteres Stück Geschenkband schlingen. Das Band auf der Rückseite festbinden.Diese Schleife ist sozusagen der Klassiker. Sie wird auch in Blumengestecken und als Tischdekoration verwendet.

Ein Stück Geschenkband zu zwei Schlaufen legen und ...

... zwei weitere Schlaufen um die ersten beiden schlagen

Rosettenschleife

Wickeln Sie das Geschenkband kreisförmig auf. Dann drücken Sie die Rolle flach und schneiden sie in der Mitte auf beiden Seiten spitz ein. Mit einer Kordel wird die Rolle in der Mitte fest zusammengebunden. Ziehen Sie nun die Schlaufen von innen heraus, und drehen Sie sie abwechselnd nach vorn und hinten. Zum Schluß die Rosettenschleife in Form biegen.

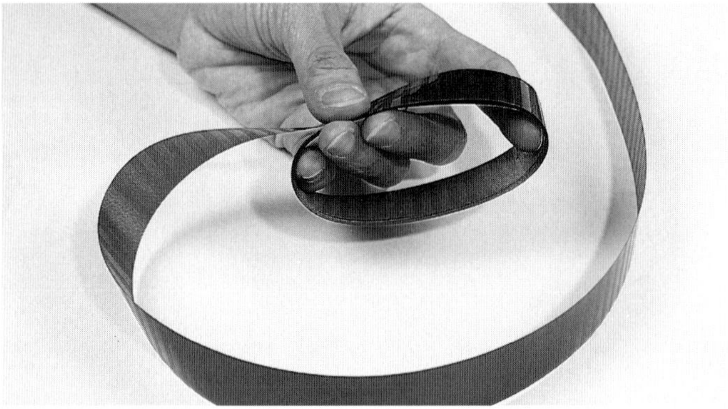

Das Schleifenband kreisförmig aufwickeln, ...

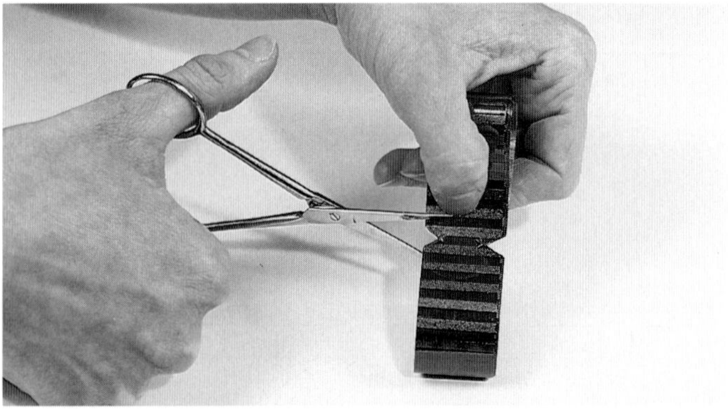

... die Rolle in der Mitte einschneiden und ...

... mit Kordel verknoten. Die Schlaufen von innen herausziehen

Fächer

Falten Sie ein quadratisches Stück Papier wie eine Ziehharmonika. Die obere Kante der Faltung mit dem Kleberoller bestreichen. Dann werden die beiden Seiten des Fächers geöffnet und in der Mitte zusammengeklebt. Fächer gibt es in den unterschiedlichsten Formen. Wenn Sie beispielsweise das Papierstück diagonal falten, erhalten Sie eine originelle Schmetterlingsfigur.

Ein quadratisches Stück Papier ziehharmonikaartig falten, ...

... die beiden Seiten der Faltung öffnen und ...

... zu einem Fächer zusammenkleben

Fächer und Metallformen

Metallformen

Dekorative Blätter, Zahlen und Glückssymbole lassen sich leicht aus Metallfolie anfertigen. Übertragen Sie dazu das Motiv auf die Folie, indem Sie die Linien mit einem Bleistift oder Kugelschreiber durchdrücken. Dann wird das Motiv mit einem Papiermesser ausgeschnitten und vorsichtig abgelöst. Innenlinien, wie zum Beispiel Blattadern, drückt man ebenfalls mit Bleistift durch.
Motive für Metallformen finden Sie in Zeitungen, Kalendern und Büchern. Mit einem Fotokopiergerät, mit dem man verkleinern und vergrößern kann, lassen sie sich leicht auf das gewünschte Format bringen.
Wer Gefallen an dieser Technik findet, kann mit ihr kleine Wandbilder sowie Menü- und Grußkarten gestalten.

Das Motiv mit Bleistift übertragen, ...

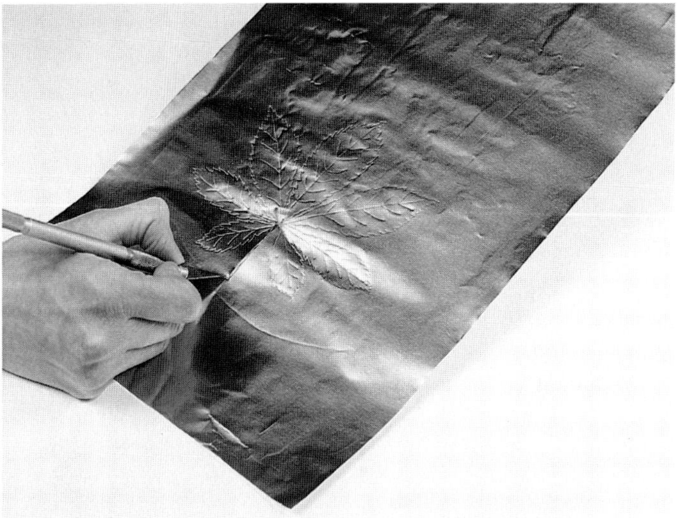

... dann die Außenlinien mit einem Papiermesser schneiden und ...

... das Motiv vorsichtig herauslösen

Geschenke rund ums Jahr

Ostern und Weihnachten sowie die Geburts- und Namenstage von Freunden und Verwandten gehören zu den Festen, die jedes Jahr mit viel Freude gefeiert werden. Um das Besondere dieser Tage hervorzuheben, werden liebevoll ausgesuchte Geschenke überreicht. Die Verpackung der Gaben kann sich an dem Geschmack des Beschenkten orientieren oder in den Farben und Symbolen des Festes gehalten sein. Wer umweltfreundliche Verpackungen überreichen möchte, nimmt unter anderem Strohsterne, Tannenzweige oder bemalte Ostereier zur Dekoration. Diese Accessoires können später als Raumschmuck weiterverwendet werden. Verpackungen für Kinder sollten farbenfroh gestaltet sein und zum Spielen anregen.

Geburtstag von »Ihr«

Schmetterlingspäckchen

Eine witzige Verpackungsidee, die der Empfängerin sicher Freude bereitet: Aus einem Papierfächer und einem Pfeifenputzer entsteht ein bunter Schmetterling.

Material: *2 verschiedenfarbige Geschenkpapiere, Geschenkband, 1 schwarzer Pfeifenputzer, 1 Feder, silberne Zierbeeren*

Wickeln Sie das Päckchen in Geschenkpapier ein. Aus einem zweiten quadratischen Blatt Papier falten Sie einen Fächer, den Sie mit Geschenkband auf dem Päckchen befestigen. Binden Sie dann einen Pfeifenputzer um die Verpackung, und formen Sie die Enden zu Schmetterlingsfühlern. Mit der Feder und den Zierbeeren das Geschenk dekorieren.

Schöne Geschenkverpackungen für Geburts- und Namenstage sowie für Ostern und Weihnachten

Fransenflasche

Aus Papier lassen sich die schönsten Dekorationen zaubern. Die Fransen dieser Flaschenhülle wurden einfach ausgeschnitten und gefaltet.

Material: *Geschenkpapier, Tüllband, Federn, Zierkordel, Blumendraht*

Rollen Sie die Flasche in das Geschenkpapier ein. Schneiden Sie das oben überstehende Papierteil bis zum Flaschenhals in schmale Streifen. Anschließend werden die Papierstreifen in Ziehharmonikafalten gelegt. Das Tüllband am Ende und die Federn an den Kielen mit Blumendraht umwickeln und oben in die Verpackung stecken. Legen Sie dann die Zierkordel um den Flaschenbauch, und binden Sie eine einfache Schleife.

Gruß mit Schleife

Große Schleifen kommen auf kleinen Päckchen besonders gut zur Geltung. Beim Zusammenstellen von Riesenschleifen können Sie die unterschiedlichsten Materialien verwenden. Hier wurden neben Geschenkband auch Tüll, Lochband und Klarsichtfolie zusammengebunden.

Material: *Geschenkpapier, verschiedenfarbige Geschenkbänder, Lochband, Tüllband, irisierende Klarsichtfolie, Blumendraht*

Schlagen Sie zuerst das Päckchen in das Geschenkpapier ein. Dann binden Sie aus den Geschenkbändern und dem Tüllband Schleifen und wickeln sie mit Blumendraht zusammen. Die Klarsichtfolie und das Lochband werden in Falten gelegt und ebenfalls mit Blumendraht an der Schleife befestigt. Mit einem Geschenkbandrest die fertige Riesenschleife auf das Päckchen binden.

Geburtstag von »Ihm«

Fünfundzwanzig

Wer die Umwelt nicht belasten möchte, fertigt aus einfachem Packpapier originelle Geschenkumhüllungen an. Der Schmetterling ist eine Paillettenapplikation und kann später auf einen Pullover, ein Hemd oder eine Jacke aufgenäht werden.

Material: *Packpapier, schmales Geschenkband, Lochband, 1 Paillettenschmetterling, goldene Jubiläumszahlen, Doppelklebeband*

Wickeln Sie das Geschenk in das Packpapier ein, und binden Sie schmales Geschenkband um die Verpackung. Dann kleben Sie eine Lochbandschleife auf das Päckchen und kräuseln das Geschenkband. Zum Schluß den Schmetterling und die Jubiläumszahl aufkleben.

Schwarz und Gold

Noch einmal Packpapier: Zusammen mit schwarzen und goldenen Accessoires wirkt dieses bisher viel zu wenig beachtete Papier äußerst edel.

Material: *Packpapier, schwarzes Geschenkpapier, Geschenkband, Paillettenblumen, Doppelklebeband*

Schlagen Sie das Geschenk in das Packpapier ein. Den unteren Teil des Päckchens mit schwarzem Geschenkpapier umwickeln und die Abschlußkante mit Geschenkband überkleben. Dann wird eine Rosettenschleife (siehe Seite 46) auf die obere Seite des Päckchens gesetzt. Die Paillettenblumen mit Doppelklebeband anbringen.

Schmetterlingspäckchen, Fransenflasche und Gruß mit Schleife

„Fünfundzwanzig", „Schwarz und Gold" und Gruß mit Lilie

Gruß mit Lilie

Auch Männer mögen Schleifen. Man sollte allerdings bei der Farbwahl eher auf klassische Zusammenstellungen zurückgreifen. Mit Schwarz und Weiß liegen Sie sicherlich richtig.

Material: *schwarzes Geschenkpapier, schwarze und weiße Geschenkbänder, weißes Tüllband, Zierginster, 1 Paillettenlilie, Blumendraht, Doppelklebeband*

Schlagen Sie das Päckchen in das schwarze Geschenkpapier ein. Binden Sie die Geschenkbänder und den Tüll mit Blumendraht zu einer großvolumigen Schleife, und befestigen Sie die Riesenschleife mit Doppelklebeband oben auf dem Päckchen. Dann wird die Paillettenlilie auf die Verpackung geklebt.

Kindergeburtstag

Würfel

Kleiner Aufwand – große Wirkung: Durch gezielt angeordnete schwarze Punkte entsteht bei diesem Geschenkpäckchen der Eindruck eines Spielwürfels.

Material: *weißes Papier, schwarzes Buntpapier, Locher*

Schlagen Sie das Päckchen in das weiße Papier ein. Stanzen Sie mit dem Locher aus Buntpapier schwarze Punkte aus, und kleben Sie sie als Augen eines Würfels auf die sechs Seiten des Päckchens.

Bonbonpäckchen

Der »biologische Abbau« dieser Verpackung wird nicht lange auf sich warten lassen. Vor allem Kinder werden in kürzester Zeit die Fruchtbonbons vertilgen.

Material: Geschenkpapier, Fruchtbonbons, Puderzucker

Wickeln Sie das Päckchen in das Geschenkpapier ein. Dann rühren Sie aus Puderzucker und einigen Tropfen Wasser eine dickflüssige Masse an und bestreichen die Fruchtbonbons auf der Rückseite mit der Glasur. Die Bonbons auf das Päckchen drücken und antrocknen lassen.

Überraschung mit Trinkhalmen

Bei einer Kinderparty sind Trinkhalme stets willkommen. Diese Geschenkhülle spielt auf den unstillbaren Durst der Kids an.

Material: *2 verschiedenfarbige Geschenkpapiere, Haushaltspapierrollen, Trinkhalme, Alleskleber*

Schneiden Sie die Haushaltspapierrollen auf die passende Größe zu, und wickeln Sie sie in Geschenkpapier ein. Dann schlagen Sie das Päckchen in den zweiten Bogen Papier ein. Kleben Sie die Rollen und drei Trinkhalme auf dem Geschenk fest, und stellen Sie die restlichen Trinkhalme in die umwickelten Haushaltspapierrollen.

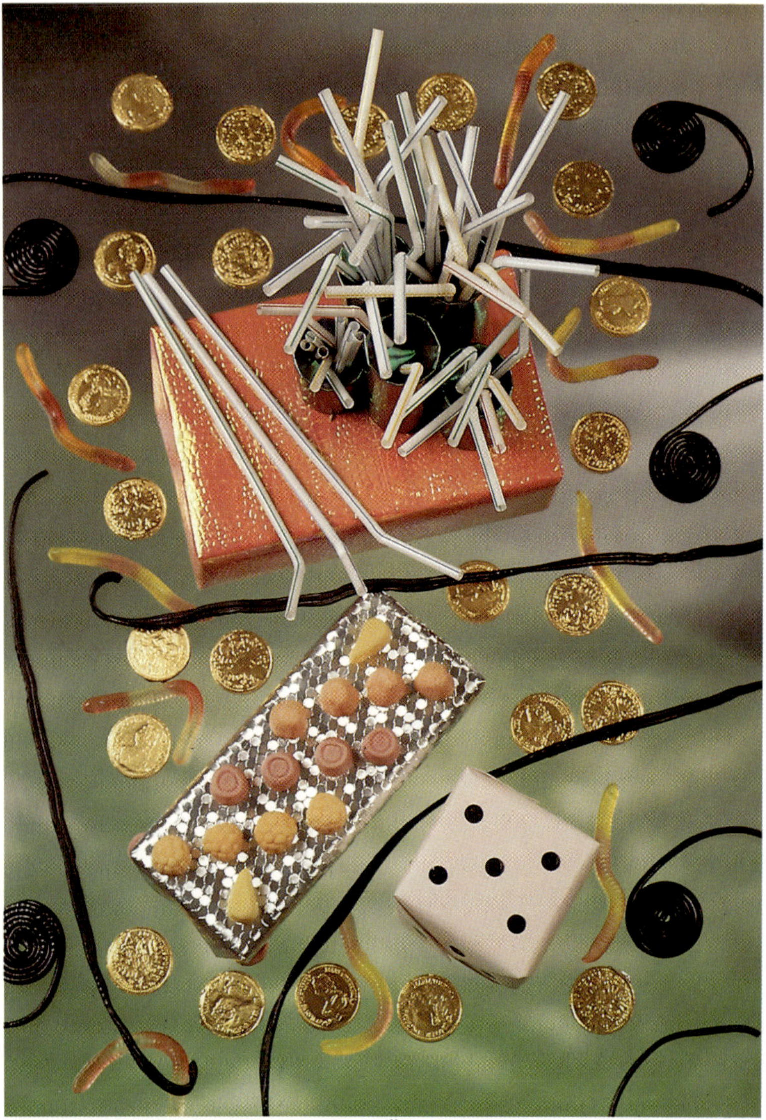

Würfel, Bonbonpäckchen und Überraschung mit Trinkhalmen

Wolkenverpackungen

Witzige Wolken

Flache Schachteln und Bücher lassen sich gut als Wolken verpacken. Wer möchte, gestaltet mit vielen als Wolke verpackten Geschenken einen »himmlischen« Geburtstagstisch. Die Motive kann man von Hand abzeichnen oder mit einem Fotokopierer auf die gewünschte Größe bringen.

Material: *Geschenkpapier, Fotokarton, Buntpapier, Abreibebuchstaben, Alleskleber*

Übertragen Sie das Wolkenmotiv zweimal auf Fotokarton, und schneiden Sie die Teile aus. Dann setzen Sie mit Abreibebuchstaben einen Glückwunsch auf das Buntpapier und kleben das Blatt auf eine der Wolken. Das Päckchen in Geschenkpapier einschlagen und beidseitig mit den Wolkenformen bekleben.

Namenstag

Er

Aus schwarzem Fotokarton ausgeschnittene Buchstaben, Namen und Glückwünsche können zur Dekoration von Verpackungen verwendet werden. Die Größe der Buchstaben paßt man der Form des Geschenkes an.

Material: *Geschenkpapier, schwarzer Fotokarton, Alleskleber, Doppelklebeband*

Wickeln Sie das Präsent in Geschenkpapier ein, und lassen Sie oben etwa 30 cm Papier überstehen. Die Verschlußleiste sollte mit einer Kante bündig abschließen. Dann wird das überstehende Papierteil an der offenen Seite zusammengedrückt und wie eine Ziehharmonika gefaltet. Die linke Seite der Faltung öffnen, nach unten ziehen und den Fächer mit Doppelklebeband an der Verpackung befestigen. Anschließend schneiden Sie aus schwarzem Fotokarton die Buchstaben »E« und »R« aus und bringen sie mit Alleskleber auf dem Päckchen an.

Tip: Wer die Buchstaben nicht zeichnen möchte, wählt aus einer Zeitschrift oder einem Buch die passenden Lettern aus und bringt sie mit einem Fotokopierer auf die passende Größe.

Von A bis E

Interessant wirken Buchstaben, die über die Umrisse des Geschenkes hinausragen. Allerdings muß man beim Transport des Päckchens darauf achten, daß die Schriftzeichen nicht geknickt werden.

Material: *weißes Papier, schwarzer Fotokarton, schwarze Abreibebuchstaben, Alleskleber*

Schlagen Sie das Geschenk in das weiße Papier ein. Schneiden Sie die Buchstaben »A« und »E« aus schwarzem Fotokarton aus. Sie können natürlich auch andere Buchstaben oder Ziffern wählen. Die Schriftzeichen werden mit Alleskleber an dem Päckchen befestigt. Anschließend verteilen Sie kleine Abreibebuchstaben über die gesamte Verpackung.

»h«

Fast wie ein Emblem sieht dieses »h« aus, das für einen »Harald«, eine »Helga« oder eine »Hannelore« bestimmt sein kann. Die farbigen Streifen geben dem Buchstaben einen sportlichen Charakter. Für eine eher romantisch veranlagte Empfängerin könnte man das gleiche Initial mit Schnörkeln versehen.

Material: *Geschenkpapier, schwarzer Fotokarton, farbiger Zeichenkarton, Alleskleber*

Zuerst schlagen Sie das Präsent in Geschenkpapier ein. Dann schneiden Sie aus schwarzem Fotokarton den Buchstaben »h« oder einen anderen Buchstaben aus. Anschließend weitere Buchstaben aus farbigem Fotokarton ausschneiden und leicht versetzt hinter den schwarzen Buchstaben kleben. Das fertige Schriftzeichen mit Alleskleber an dem Päckchen befestigen.

Eine Verpackung mit Namen „Er“

Ein Präsent für „h“

Von A bis E

Moderne Kunst

Eine Verpackungsidee für Querdenker, helle Köpfe und fortschrittliche Geister: Spitze Formen, die über die Umrisse des Päckchens herausragen, machen neugierig auf den Inhalt.

Material: *Geschenkpapier, schwarzer Fotokarton, gelber Zeichenkarton, Alleskleber*

Schneiden Sie verschiedene Phantasieformen aus schwarzem Fotokarton und gelbem Zeichenkarton aus. Wickeln Sie das Päckchen in das Geschenkpapier ein, und kleben Sie die Formen auf die Verpackung.

Blaue Tüte

Tüten können Sie schnell anfertigen und für die unterschiedlichsten Geschenkverpackungen verwenden. Besonders für Süßigkeiten wie Plätzchen oder Pralinen sind sie die geeigneten Umhüllungen.

Material: *Zeichenkarton, Seidenpapier, Geschenkband, Federn, Zierblüten*

Stellen Sie eine Tüte aus Zeichenkarton her (siehe Seite 37), und wickeln Sie sie in Seidenpapier ein. Dann wird ein Stück Geschenkband in großen Windungen um die Tüte gelegt und festgeklebt. Aus den Federn und den Zierblüten einen Strauß binden und oben in die Öffnung der Verpackung stecken. Zum Schluß die Tüte mit Geschenkband verschließen.

Federpyramide

Wer nicht möchte, daß seine Freunde sofort erkennen, was er mitgebracht hat, sollte sein Mitbringsel in einer Federpyramide verstecken. Eine ungewöhnliche Verpackung, die durch ihre dreieckige Form sofort auffällt.

Material: *Geschenkpapier, Federn, Pfeifenputzer, Papierkleber*

Schneiden Sie ein rechteckiges Stück Geschenkpapier mit den Maßen 16 x 32 cm zu. Legen Sie das Papier längs vor sich hin, falten die Seiten auf die Mitte und kleben sie aufeinander. Die untere offene Kante zweimal umschlagen und festkleben. Die obere Kante hochziehen, so daß sich die Pyramidenform ergibt, ebenfalls umschlagen und zusammenkleben. Die Federn an den Kielen mit einem Stück Pfeifenputzer umwickeln und oben in die Pyramidenspitze stecken.

Carmen & Co.

Persönlicher geht es nicht mehr. Der groß auf der Verpackung abgedruckte Name des Empfängers läßt keine Zweifel mehr zu, für wen das Geschenk gedacht ist. Die außergewöhnlichen Schriftzüge wurden übrigens am Computer gestaltet.

Material: *Geschenkpapier, Federn, Alleskleber*

Der besondere Pfiff dieser Verpackungen sind die Namenszüge. Sie können sie entweder am Computer gestalten und auf einem Bogen Geschenkpapier ausdrucken lassen, oder Sie malen sie von Hand auf das Verpackungsmaterial auf. Auch mit Abreibebuchstaben läßt sich ein ähnlicher Effekt erzielen. Anschließend schlagen Sie das Päckchen wie gewohnt in das Geschenkpapier ein und verzieren es mit Fächern, Federn oder getrockneten Gräsern.

Moderne Kunst

Blaue Tüte und Federpyramide

Carmen & Co.

Ostern

Fächerpäckchen

Gelb, Weiß und Grün sind die traditionellen Osterfarben. Beim Fächerpäckchen unterstreichen sie den freundlichen Charakter der Verpackung. Statt der Stoffblumen können auch Naturzweige das Geschenk schmücken.

Material: *weißes Geschenkpapier, gelbes Polypapier, Bärgras, Zierforsythienzweige, Zierginster, Blumendraht, Doppelklebeband*

Wickeln Sie das Päckchen in das weiße Geschenkpapier ein. Aus gelbem Polypapier schneiden Sie vier rechteckige Stücke mit den Maßen 15 x 30 cm zu und falten sie wie eine Ziehharmonika. Die Teile kreuzförmig oben auf die Verpackung kleben. Die Fächer öffnen und am unteren Ende auf dem Päckchen befestigen. Dann wird mit Blumendraht ein Strauß aus Bärgras und Zierforsythienzweigen gebunden. Bringen Sie den Strauß in der Mitte zwischen den Fächern an, und kleben Sie Strauß und Fächer zusammen. Das Päckchen mit Blüten und Zierginsterzweigen schmücken.

Schleifentasche

Wie ein Schmetterling wirkt die große gelbe Schleife. Sie bildet gleichzeitig den Verschluß der Tasche aus Geschenkpapier.

Material: *Geschenkpapier, gelbes Polypapier, gelber Pfeifenputzer, Locher*

Fertigen Sie aus dem Geschenkpapier eine Tasche an (siehe Seite 39). Schlagen Sie die Verschlußkante zweimal um, und bringen Sie in der Mitte dicht nebeneinander zwei Löcher an. Dann aus zwei Streifen gelbem Polypapier eine Schleife binden und mit einem Pfeifenputzer umwickeln. Den Pfeifenputzer anschließend durch die Löcher führen und beide Enden nach oben zu Schmetterlingsfühlern biegen.

Ostertüte

Wenn sie in den passenden Farben gehalten sind, können auch zu Ostern Tüten verschenkt werden. Als Verschluß sieht ein dekorativ gerafftes Band aus grünem Tüll gut aus.

Material: *Geschenkpapier, Tüll, Filz, Geschenkband, Doppelklebeband, Alleskleber*

Stellen Sie eine Tüte aus Geschenkpapier her (siehe Seite 37). Kleben Sie um den oberen Rand einen etwa 2 cm breiten Filzstreifen. Legen Sie dann einen Streifen Doppelklebeband um den inneren Rand, und setzen Sie ein Band aus Tüll rundherum an. Den Tüll mit Geschenkband zusammenfassen.

Osternest

Fast zu schade zum Auspacken: Kleine Küken verstecken sich in diesem Osternest. Sämtliche Dekorationsmaterialien können später für ein Tischgesteck weiterverwendet werden.

Material: *gelbes Polypapier, gelbes Tüllband, Zierblumen, Bärgras, Dekoküken, Trockensteckmasse*

Schlagen Sie eine Schachtel zweimal in gelbes Polypapier ein. Die zweite Verpackung wird an der oberen Seite offengelassen. Das überstehende Papierteil bis zum oberen Rand der Schachtel in etwa 1 cm breite Streifen reißen und nach außen kräuseln. Anschließend verteilen Sie einige schmale Stücke Trockensteckmasse auf dem Deckel der Verpackung. Drücken Sie die Zierblumen und das Bärgras in die Steckmasse. Zum Schluß die Dekoküken in das Nest setzen und den unteren Rand der Schachtel mit einer gelben Tüllschleife umwickeln.

Fächerpäckchen, Schleifentasche und Ostertüte

Osternest und Flasche mit Schleife

Flasche mit Schleife

Die Kombination von Kreppapier, Geschenkband, Tüll und Zierblumen ist zwar etwas ungewöhnlich, aber sie macht sich ausgesprochen gut.

Material: *grünes Kreppapier, Tüll, Geschenkband, Zierblumen, Dekoschmetterling, Blumendraht*

Wickeln Sie die Flasche in grünes Kreppapier ein. Dann fertigen Sie aus dem Geschenkband eine Rosettenschleife an (siehe Seite 46) und binden sie mit Blumendraht an der Flasche fest. Die Schleife mit Tülltuffs, Zierblumen und einem Dekoschmetterling ausschmücken.

Weihnachten

Messingpäckchen

Verpackungen aus Metallfolie wirken besonders edel. Die Folie läßt sich leicht knicken, rollen oder zu dreidimensionalen Formen verarbeiten.

Material: messingfarbene Metallfolie, Schleifenband, Messingdraht, messingfarbene Zieräpfel, Buchsbaumzweige

Legen Sie das Päckchen so auf die zugeschnittene Metallfolie, daß auf der linken Seite etwa 30 cm Folie überstehen. Das rechte Seitenteil wird wie gewohnt geschlossen, am linken Seitenteil drehen Sie das überstehende Folienende zu einer Rolle auf. Aus dem Geschenkband zwei Rosettenschleifen (siehe Seite 46) binden und mit Messingdraht an dem Päckchen befestigen. Ebenfalls mit Draht werden an der Verpackung anschließend die Buchsbaumzweige und die Zieräpfel angebracht.
Tip:Wenn Sie die Metallfolie vorher knautschen, erinnert die Geschenkverpackung an handgefertigte Schmiedearbeiten.

Päckchen mit Weihnachtskugel

Ein umweltfreundlich verpacktes Weihnachtsgeschenk: Das Präsent ist in Maulbeerbaumrindenpapier gehüllt, und für die Dekoration wurden ausschließlich Tannenzweige und Christbaumschmuck verwendet.

Material: schwarzes Maulbeerbaumrindenpapier, breites Geschenkband, schmales Geschenkband, 1 kupferfarbene Christbaumkugel, 3 kupferfarbene Zieräpfel, Tannenzweige, Kupferdraht

Schlagen Sie das Geschenk in das Maulbeerbaumrindenpapier ein. Formen Sie aus dem breiten Geschenkband eine Rosettenschleife (siehe Seite 46), und binden Sie die Schleife mit schmalem Geschenkband an dem Päckchen fest. Anschließend befestigen Sie mit Kupferdraht die Christbaumkugel, die Zieräpfel und die Tannenzweige an der Schleife.

Flasche mit Nostalgiebild

Das kräftige Maulbeerbaumrindenpapier eignet sich gut für Flaschenverpackungen. Überstehendes Papier wurde hier einfach zu einer Rolle geformt und seitlich abgebogen.

Material: *schwarzes Maulbeerbaumrindenpapier, Geschenkband, 1 Nostalgiebild, Lametta, Doppelklebeband*

Rollen Sie die Flasche in das Maulbeerbaumrindenpapier ein. Schlagen Sie das Papier am Flaschenboden ein, und fixieren Sie es mit Klebeband. Das oben überstehende Papier flach drücken, zu einem seitlich überstehenden Trichter rollen und festkleben. Dann wickeln Sie um den unteren Flaschenrand das Geschenkband und fixieren in dem Trichter das Lametta. Das Nostalgiebild wird mit Doppelklebeband so an der Verpackung befestigt, daß der Trichter die Klebestelle verbirgt.

Messingpäckchen und Flasche mit Nostalgiebild

Päckchen mit Weihnachtskugel

Pinkfarbenes Weihnachtspäckchen, Präsent mit Fächer und Schleifenpäckchen

Pinkfarbenes Weihnachtspäckchen

Die Rolle ist das besondere Merkmal dieses Päckchens. Sie wurde aus seitlich überstehendem Geschenkpapier geformt.

Material: *Geschenkpapier, verschiedenfarbige Geschenkbänder, Perlenkette, Tannenzweige, Doppelklebeband*

Das Geschenkpapier sollte mindestens die dreifache Länge des Päckchens haben. Legen Sie das Geschenk auf die linke Hälfte des Papiers, und schlagen Sie es so ein, daß die Stoßkante bündig mit der hinteren oberen Kante des Päckchens abschließt. Zuerst wird die linke Seite der Verpackung geschlossen. Dann drücken Sie das rechts überstehende Papierteil flach und falten die rechte vordere Ecke so nach hinten, daß die vordere Längskante mit der rechten Breitseite des Päckchens abschließt. Das rechte Papierteil auf die obere Seite des Päckchens falten und das hinten überstehende Papier zur Tüte rollen. Mit Doppelklebeband wird die Tüte auf dem Päckchen befestigt. Zur Verzierung einen Tannenzweig auf die Verpackung stecken, die Geschenkbänder zu Schleifen binden und mit Doppelklebeband anbringen. Die Perlenkette ebenfalls an einem Ende festkleben und lose herabhängen lassen.

Präsent mit Fächer

Es müssen nicht immer Schleifen sein, die der Verpackung den letzten Schliff geben. Ein sorgfältig gefalteter Fächer ist ebenfalls eine schöne Dekoration für Geschenke.

Material: *2 verschiedenfarbige Geschenkpapiere, Geschenkband, 1 Dekostern, Doppelklebeband*

Zuerst schlagen Sie das Päckchen in Geschenkpapier ein. Dann falten Sie aus dem zweiten quadratischen Blatt Geschenkpapier einen Fächer und kleben ihn mit Doppelklebeband auf dem Päckchen fest. Die Geschenkbänder ebenfalls ankleben und mit einer Schere kräuseln.

Schleifenpäckchen

Mit verschiedenfarbigen Geschenkbändern lassen sich großvolumige Schleifen zusammenstellen. Es lohnt sich, auch ungewöhnliche Farbzusammenstellungen auszuprobieren.

Material: Geschenkpapier, verschiedenfarbige Geschenkbänder, Buchsbaumzweige, Drahtkordel, Doppelklebeband, Blumendraht

Schlagen Sie das Päckchen in das Geschenkpapier ein. Binden Sie die Geschenkbänder zu Schleifen, und fassen Sie sie mit Blumendraht zusammen. Kleben Sie die Riesenschleife auf das Päckchen, und bringen Sie Buchsbaumzweige an. Die Drahtkordel in losen Windungen um das Geschenk legen und an den Enden neben der Schleife festkleben.

Der besondere Anlaß

»Feste soll man feiern, wie sie fallen«, lautet völlig zu Recht ein bekanntes Sprichwort. Zu den meisten Feiern gehören selbstverständlich auch Geschenke oder kleine Mitbringsel. Sie werden meist mit viel Sorgfalt ausgesucht, und oft benötigt man auch eine gehörige Portion Geduld, bis man das richtige Teil gefunden hat.
Ein wenig von dieser besonderen Aufmerksamkeit für den Beschenkten sollte sich in der Verpackung widerspiegeln. Eine individuell gestaltete Umhüllung bereitet ebensoviel Freude wie das Geschenk selbst.

Taufe

Fächerpräsent

Für die dekorative Wirkung von Fächern gibt es zahlreiche Beispiele in diesem Buch. Hier wurden zwei Fächer nebeneinander auf einem Päckchen angeordnet.

Material: *rosafarbenes Polypapier, Geschenkpapier in Lila und Pink, irisierendes Geschenkband, irisierendes Lametta, 1 kleines Geschenkpäckchen*

Wickeln Sie die Schachtel in rosafarbenes Geschenkpapier ein. Falten Sie aus dem lila- und dem pinkfarbenen Geschenkpapier zwei Fächer, und kleben Sie sie auf die Oberseite des Päckchens. In die Ränder des lilafarbenen Fächers Zacken schneiden. Dann wird Geschenkband um die Verpackung gewickelt und die Sichtseite der Schachtel mit Lametta und einem kleinen Geschenkpäckchen geschmückt.

Originelle Verpackungsideen für Tauf-, Hochzeits- und Jubiläumsgeschenke

Flasche mit Schirmchen

Noch einmal Fächer: Wenn man ein quadratisches Stück Papier diagonal faltet und an den Seiten wieder öffnet, entstehen hübsche Flügelformen, die sich vielseitig einsetzen lassen.

Material: *rosafarbenes Geschenkpapier, pinkfarbenes Polypapier, irisierendes Geschenkband, irisierendes Lametta, 1 Eisschirmchen*

Legen Sie die Flasche diagonal auf ein quadratisches Blatt Geschenkpapier. Während Sie das Geschenk einwickeln, schlagen Sie das Papier am Fußende nach innen. Dann falten Sie aus rosafarbenem Polypapier zwei Fächer: die Faltung diagonal anlegen, damit die Flügelform entsteht. Den ersten Fächer stecken Sie oben in die Öffnung der Flasche, den zweiten Fächer schieben Sie seitlich in die Verpackung ein. Von ihm ist nur eine Spitze zu sehen. Anschließend die Flasche mit irisierendem Lametta und einem Eisschirmchen schmücken und mit Geschenkband umwickeln.

Das Sechseck

Sechseckige Geschenke lassen sich gut verpacken, denn sie fallen bereits durch ihre außergewöhnliche Form auf. Aufwendige Accessoires stören in diesem Fall nur. Zur Verzierung reicht eine große Schleife aus blauem Lochband.

Material: *weißes Geschenkpapier, blaue Kordel, schmales Geschenkband, blaues Lochband, Alleskleber*

Schlagen Sie das Päckchen zuerst in weißes Geschenkpapier ein. Dann binden Sie eine Schleife aus blauem Lochband und befestigen sie mit schmalem Geschenkband auf dem Päckchen. Die Kordel dünn mit Alleskleber bestreichen und entlang der äußeren Kanten des Geschenkes anbringen. Dabei die Kordel ein paar Sekunden festhalten, bis der Klebstoff angetrocknet ist.

Blauweißes Überraschungspäckchen

Mit zwei verschiedenfarbigen Geschenkpapieren lassen sich schöne Effekte erzielen. Man kann hierbei auch gut kleinere Papierreste verwerten.

Material: *weißes Geschenkpapier, blaues Geschenkpapier, blaues Geschenkband, blaue Federn, blaues Lochband, Blumendraht*

Wickeln Sie das Päckchen zuerst in weißes Geschenkpapier ein. Dann schlagen Sie eine Seite des Päckchens in blaues Geschenkpapier ein und legen um die Mitte eine Binde aus blauem Geschenkband. Befestigen Sie eine kleine Lochbandschleife und zwei blaue Federn mit Blumendraht an der Verpackung.

Wickelflasche

Nicht alle Taufgeschenke müssen für den neuen Erdenbürger bestimmt sein. In der »Wickelflasche« kann sich auch ein Mitbringsel für die Eltern des Babys verstecken. Das Besondere an dieser Verpackung: Statt Geschenkpapier wird ausschließlich Schleifenband zum Einhüllen verwendet.

Material: *hellblaues Polyband, weißes Polyband, dunkelblaues Geschenkband, dunkelblaues Geschenkpapier, Silberkordel, blaue und weiße Federn, Blumendraht, weiße Blütenrispen*

Kleben Sie das weiße Polyband am unteren Ende der Flasche fest, und wickeln Sie es in engen Windungen nach oben. Etwa 10 cm Band überstehen lassen und in schmale Streifen reißen. Anschließend befestigen Sie das hellblaue Polyband am Flaschenkopf und wickeln es bis zur Flaschenmitte nach unten. Nun etwa 30 cm Polyband überstehen lassen, in Streifen reißen und wieder nach oben binden. Die Streifen werden am Flaschenkopf mit Blumendraht fixiert. Binden Sie eine Schleife aus blauem

Fächerpräsent und Flasche mit Schirmchen

Geschenkband, und befestigen Sie sie zusammen mit den Federn und den Blütenrispen am oberen Flaschenende. Den unteren Flaschenrand mit blauem Geschenkband umwickeln. Wer möchte, steckt zusätzlich zwei kleine Mitbringsel in leere Streich-

Sechseck, blauweißes Überraschungspäckchen und Wickelflasche

holzschachteln, schlägt die Schachteln in dunkelblaues Geschenkpapier ein, verschnürt sie mit Silberkordel und knotet die kleinen Überraschungspäckchen an einen vom Flaschenhals herabhängenden Streifen Polyband.

Hochzeit

Rosen für die Braut

Weiß und Grün sind die Farben der Hochzeit. Zarte Tüllschleier und Rosen lassen darauf schließen, daß der Inhalt dieses Päckchens für die Braut bestimmt ist.

Material: *weißes Papier, 1 Tortendeckchen, Seidenrosen, Rosenknospen, Ilexbeeren, irisierende Dekokette, Tüllband mit Goldpunkten, Tüll, Blumendraht, Alleskleber*

Schlagen Sie die Schachtel in das weiße Papier ein, und kleben Sie ein Tortendeckchen oben auf den Deckel. An einer Seite ein Stück irisierende Dekokette anbringen. Für die Blumendekoration wickeln Sie die Seidenrosen, die Ilexbeeren und die Rosenknospen mit Blumendraht zusammen. Arbeiten Sie den weißen Tüll sowie das Tüllband mit Goldpunkten mit ein, und befestigen Sie die ganze Girlande mit Alleskleber auf dem Tortendeckchen.

Silberflasche

Wer Silberfolie verwendet, muß beim Verpacken besonders sorgfältig vorgehen: Falsche Knicke lassen sich selbst durch Bügeln nicht mehr entfernen.

Material: *Silberfolie, weißes Geschenkband, 1 Zierblüte, grünes Erikamoos, silberne Ilexbeeren, Alleskleber*

Packen Sie die Flasche in die Silberfolie ein (siehe Seite 29). Die beiden oberen Ecken nach hinten knicken und die Flasche längs mit weißem Geschenkband umwickeln. Dann binden Sie Geschenkband zu einer Schleife, die Sie mit grünem Erikamoos und silbernen Ilexbeeren schmücken. Zum Schluß eine Zierblüte in die Mitte setzen und die Schleife mit Alleskleber auf dem Geschenkband befestigen.

Minipäckchen

Auch kleine Geschenke sollten liebevoll verpackt werden. Blütenrispen, Ilexbeeren und Erikamoos geben dem Minipäckchen eine individuelle Note.

Material: *Geschenkpapier, Blütenrispen, Ilexbeeren, grünes Erikamoos, Alleskleber*

Schlagen Sie das Päckchen in das Geschenkpapier ein. Setzen Sie anschließend mit Alleskleber grünes Erikamoos und Blütenrispen auf die Verpackung. Die Ilexbeeren in den noch weichen Klebstoff drücken.

Päckchen mit Schleife

Schleifen, die aus mehreren unterschiedlichen Geschenkbändern gestaltet wurden, sehen besonders ansprechend aus. Ein Tip: Heben Sie die Reststücke von Geschenkbändern auf. Sie können sie für mehrteilige Schleifen gut gebrauchen.

Material: *Geschenkpapier, verschiedene Geschenkbänder, grünes Erikamoos, Blumendraht, Doppelklebeband*

Wickeln Sie das Päckchen in das Geschenkpapier ein. An der linken Seite steht ein Stück Papier über, das dreimal so lang ist wie die Breite der Schachtel. Falten Sie das überstehende Papierteil wie eine Ziehharmonika, und ziehen Sie es über die Oberseite des Päckchens auf die rechte Seite. Dort wird es mit Doppelklebeband befestigt. Binden Sie die verschiedenen Geschenkbänder zu einer großen Schleife zusammen, und bringen Sie sie mit schmalem Geschenkband auf dem Päckchen an. Mit grünem Erikamoos die Schleife dekorieren.

„Rosen für die Braut", Silberflasche und Minipäckchen

Runde Überraschung

»Je kleiner das Päckchen, desto teurer das Geschenk«, heißt es im allgemeinen. Dem Anlaß nach zu urteilen, könnte das in diesem Fall sogar zutreffen.

Material: *Silberfolie, Dekokette, Blütenrispen, Ilexbeeren, grünes Erikamoos, Geschenkband*

Päckchen mit Schleife, runde Überraschung und langes Päckchen

Schneiden Sie ein quadratisches Stück Silberfolie zu, und stellen Sie die runde Dose senkrecht darauf. Die Folie rundherum an der Schachtel hochziehen und oben mit Geschenkband verschnüren. Dann werden Blütenrispen, Ilexbeeren und grünes Erikamoos an dem Verschluß festgebunden. Die Dekokette um die Dose wickeln und ebenfalls anbinden.

Langes Päckchen

Gerade bei Hochzeiten gibt es oft größere Geschenke zu verpakken. Zudem müssen die Präsente meist über längere Strecken mit dem Auto oder der Bahn transportiert werden, so daß die Verpackung auch mal einen Stoß aushalten muß. Mit schwarzem Tonpapier und Tortendeckchen lassen sich viele dieser »Problemfälle« elegant lösen.

Material: *schwarzes Tonpapier, Tortendeckchen, schmales und breites Geschenkband, Alleskleber*

Packen Sie das Geschenk in das schwarze Tonpapier ein. Überstehendes Papier an den Seiten nicht falten, sondern nur zusammendrücken. Die Seitenteile werden mit einem Tortendeckchen verschlossen. Weitere Tortendeckchen auf der Verpackung verteilen und seitlich zwei Rosettenschleifen (siehe Seite 46) aus breitem Geschenkband aufkleben. Mit schmalem Geschenkband die Schachtel mehrfach umwickeln.

Jubiläum

Griechische Säule

Aus der Antike kommt das Vorbild dieser Flaschenverpackung. Bei einem Jubiläum ist es durchaus angebracht, sich auch für die Hüllen der Geschenke etwas Besonders auszudenken.

Material: *Geschenkpapier, Metallfolie, Jubiläumszahl, Goldperle, Seidenpapier*

Bemessen Sie das Papier wie für die traditionelle Dosenverpackung (siehe Seite 21). Falten Sie dann das Papier in einem Abstand von etwa 2 cm. Anschließend Deckel und Boden vorknicken. Dabei gehen Sie ebenfalls wie bei der Anleitung für die Dosenverpackung vor. In diesem Fall erleichtern die Knicke, die Rundung zu bilden. Wickeln Sie nun die Flasche in das Papier, und kleben Sie die Verpackung an den Längsseiten aneinander. Die Säule hält besser ihre Form, wenn Sie die Hohlräume mit Seidenpapier ausstopfen. Schneiden Sie anschließend aus Metallfolie eine Zierleiste für den unteren Rand und einen Kreis für den Deckelverschluß zu. Beide Teile festkleben und zurechtbiegen. Die Jubiläumszahl mit einer Perle verzieren und an den Drahtenden in die Mitte des Deckels stecken.

Schlüsseltüte

Schlüssel gehören zu den Symbolen, die ihrem Besitzer Zugang zu etwas besonders Wertvollem verschaffen. In unserem Fall ist der »Schlüssel zum Glück« gemeint.

Material: *Geschenkpapier, Metallfolie, 1 Zierschlüssel, Dekokette, 1 kleiner Teller oder Kerzenuntersetzer, Doppelklebeband*

Griechische Säule, Schlüsseltüte und Jubiläumspyramide

Marmorierte Flasche und Jubiläumsbrief

Fertigen Sie aus Geschenkpapier eine Tüte an (siehe Seite 37). Die Öffnung sollte den gleichen Durchmesser wie der kleine Teller besitzen. Fertigen Sie dann aus Metallfolie eine Tütenspitze an, und kleben Sie sie fest. Den Teller mit Doppelklebeband auf die Tütenöffnung setzen und mit dem Schlüssel verzieren. Anschließend die Dekokette entlang des oberen Randes ankleben.

Jubiläumspyramide

Auch ein kleines Geschenk kann man mit wenig Aufwand kunstvoll verhüllen. Die »Jubiläumspyramide« läßt sich selbst in letzter Minute noch mit wenig Zeitaufwand aus einem Rest Geschenkpapier anfertigen.

Material: *Geschenkpapier, Metallfolie, Jubiläumszahl, verschiedene Geschenkbänder, Dekokette, Doppelklebeband*

Stellen Sie aus Geschenkpapier eine Pyramide her (siehe Seite 42). Die Kanten der Form mit schmalen Streifen aus Metallfolie überkleben. Dann die Jubiläumszahl an den Drahtenden in die Spitze der Verpackung stecken. Aus verschiedenen Geschenkbändern und der Dekokette wird eine Schleife geformt und mit Doppelklebeband an der Jubiläumspyramide befestigt.

Marmorierte Flasche

Eine Verpackung lebt auch von den Farben. Wenn wie hier das marmorierte Geschenkpapier so gut mit dem Geschenkband harmoniert, braucht man keine weiteren Accessoires.

Material: *marmoriertes Geschenkpaier, Geschenkband, Doppelklebeband*

Wickeln Sie die Flasche in das marmorierte Geschenkpapier ein (siehe Seite 29). Das Geschenkband wird einfach gekräuselt und am Verschluß der Verpackung mit Doppelklebeband befestigt.

Jubiläumsbrief

Egal, ob es sich um einen Geburtstag oder um eine Silberhochzeit handelt: Viele Jubilare heben sich kleine Andenken auf, die sie später an ihren Festtag erinnern. Die handgearbeitete »25« von dem Jubiläumsbrief gehört mit Sicherheit in ein solches »Nostalgiealbum«.

Material: *marmoriertes Geschenkpapier, Metallfolie, Geschenkband, Doppelklebeband*

Zuerst schlagen Sie ein 45 x 30 cm großes Stück Geschenkpapier an den Längekanten um. Dann dritteln Sie den Bogen und knicken im oberen Drittel die Ecken nach innen, so daß ein Dreieck entsteht. Kleben Sie das untere Drittel an den Umschlagkanten auf das mittlere Teilstück. Anschließend wird das obere Dreieck nach unten geklappt. Für die Jubiläumszahl schneiden Sie aus kupferfarbener Metallfolie eine »25« aus (siehe Seite 50). Gold- und silberfarbene Jubiläumszahlen sind auch im Schreibwarenhandel erhältlich. Mit Doppelklebeband wird die Jubiläumszahl auf der Lasche befestigt. Eine Schleife binden und ebenfalls aufkleben. Danach schneiden Sie aus der Metallfolie zwei kleine Rechtecke aus und kleben sie um die unteren Ecken des Briefes.

Verpackungen mit Naturmaterialien

Wer seine Geschenke liebevoll verhüllen möchte, ohne gleichzeitig die Umwelt zu belasten, braucht auf ansprechend gestaltete Verpackungen nicht zu verzichten. Bei den meisten Verpackungsvorschlägen dieses Buches wurde bereits auf Umweltverträglichkeit geachtet, in diesem Kapitel jedoch werden ausschließlich Geschenkumhüllungen gezeigt, die in Einklang mit der Natur stehen. Zum Einsatz kommen Blüten, Blätter und Gräser sowie Packpapier, Wellpappe und Zeitungen. Exotisch anmutendes Papier aus Maulbeerbaumrinde und Recyclingpapier erhalten Sie im Fachhandel.

Geldgeschenke

Geldschein im Rahmen

Eine stilvolle Möglichkeit, einen Geldschein zu verschenken: Erst auf den zweiten Blick erkennt der Betrachter, wer ihm aus dem Bilderrahmen entgegenblickt. Hier ist es der Baumeister Balthasar Neumann, der den 50-Mark-Schein ziert.

Material: *1 Bilderrahmen, 1 Gutschein, marmoriertes Papier, Metallfolie*

Öffnen Sie den Bilderrahmen, und schneiden Sie das marmorierte Papier als Zwischenwand passend zu. Aus der Mitte des Papiers ein Rechteck mit den Maßen 6 x 7 cm herausschneiden und den Fünfzigmarkschein so darunterlegen, daß das Portrait oder ein anderes Motiv gut zu sehen ist. Dann kleben Sie auf die Ränder des Fensters vier schmale Streifen aus Metallfolie. Das Passepartout und den Fünfzigmarkschein in den Rahmen legen und die Rückwand befestigen.

Voll im Trend: Umweltfreundliche Verpackungen

Wertvolle Schmetterlinge

Schmetterlinge als Wertanlage sind sicher ungewöhnlich. Unsere »Schein«-Insekten haben jedoch die besten Aussichten, zu begehrten Sammlerobjekten zu werden.

Material: *1 Pralinendose, Metallfolie, marmoriertes Papier, Messingdraht, Geldscheine, Klebeband*

Für einen Schmetterling falten Sie zwei quadratische Marmorpapiere mit den Seitenmaßen 9 cm und 7 cm wie eine Ziehharmonika. Die Faltungen in der Mitte mit Messingdraht umwickeln. Einen Geldschein rollen, mit Klebeband fixieren und vorsichtig auf die Papierflügel kleben. Biegen Sie anschließend aus Messingdraht zwei Fühler, und stecken Sie sie vorn in die Geldscheinrolle.
Schlagen Sie die Pralinendose in Metallfolie ein, und kleben Sie die Schmetterlinge auf die Verpackung.

Geldsack

Er sieht vielversprechend aus: der Geldsack mit dem Dollarzeichen. Welche Schätze sich in ihm verbergen, dürfte von Fall zu Fall äußerst verschieden sein.

Material: *1 leere Dose, Packpapier, Bastband, schwarzer Filzstift*

Schneiden Sie aus dem Bogen Packpapier einen Kreis heraus, und stellen Sie die leere Dose in die Mitte. Dann ziehen Sie das Papier nach oben und binden es über der Dose mit Bastband zusammen. Zeichnen Sie mit schwarzem Filzstift ein Dollarzeichen auf die Verpackung.

Flaggschiff

Schon mit ganz einfachen Mitteln läßt sich die sonst etwas steife Geldübergabe auflockern. Als »Flaggschiff« getarnt, steuert der Geldschein sicher den richtigen Hafen an. Übrigens: Sämtliche hier gezeigten Verpackungen für Geldgeschenke wurden mit umweltfreundlichen Materialien gestaltet.

Material: *Packpapier, Holzstöckchen, Geldschein, Klebeband*

Falten Sie aus Packpapier ein Segelschiff. Befestigen Sie mit Klebeband ein Holzstöckchen auf dem Deck, und kleben Sie vorsichtig einen Geldschein als Fahne an den Schiffsmast.

Spardose

Eine leere Konfitüredose verbirgt sich hinter dieser witzigen Verpackung. Die Dose kann nach Belieben mit weiteren Geldstücken oder Scheinen gefüllt werden. Hartgeld ist bei dieser Sparbüchse vorzuziehen, denn es klimpert sehr schön, sobald man die Dose schüttelt.

Material: *1 Konfitüredose, bedrucktes und unbedrucktes Packpapier, Zeichenkarton, Dosenöffner, 1 5-Mark-Stück, Klebeband*

Bohren Sie in den Deckel der Konfitüredose mit dem Dosenöffner einen Schlitz für das Geldstück. Dann umwickeln Sie den unteren Teil der Dose mit bedrucktem Packpapier und schlagen den Deckel in unifarbenes Packpapier ein. Auf den Schlitz ein rechteckiges Stück Zeichenkarton kleben und ein Fünf-Mark-Stück zur Hälfte in die Spardose stecken. Damit das Geldstück nicht durchrutscht, wird es von unten mit Klebeband fixiert. Die Spardose mit Hartgeld füllen und verschließen.

Geldschein im Rahmen und „wertvolle Schmetterlinge“

Geldsack, Flaggschiff und Spardose

Blätter, Blüten und Zweige

Grünes Päckchen mit Zweigverschluß

Kleinere Mitbringsel lassen sich mit den großformatigen Blättern der Aspidistra wirkungsvoll verhüllen. Damit sich die Blätter besser biegen lassen, flachen Sie sie vorher am Schaft mit einem Messer ab.

Material: *Seidenpapier, 2 Aspidistrablätter, Zweige, Blütenranke*

Schlagen Sie das Geschenk zuerst in Seidenpapier ein. Dann umwickeln Sie es einmal quer mit einem Aspidistrablatt und legen längs ein weiteres Aspidistrablatt darüber. Als Verschluß stecken Sie mehrere Zweige und eine Blütenranke durch die Spitze des oberen Blattes.

Geschenk mit gebundenen Gräsern

Seidenpapier harmoniert gut mit Blättern und Gräsern. Es kann als Unterlage einer aufwendigen Blattverpackung dienen, man kann es aber auch als eigenständiges Gestaltungselement nutzen. Verwenden Sie es möglichst mehrlagig, um zu verhindern, daß der Untergrund durchschimmert.

Material: *Seidenpapier, Jute, Makrameegarn, Zweige, Gräser*

Schlagen Sie das Päckchen in Seidenpapier ein. Legen Sie ein Reststück Jute auf das Geschenk, und umwickeln Sie das Päckchen mit Makrameegarn. Dann mehrere Gräser zur Schlaufe binden und ein paar Zweige unter das Makrameegarn schieben.

Blätterpäckchen mit Blütenranke

Es sieht hübsch aus, das völlig mit Blättern umhüllte Geschenkpäckchen. Allerdings erfordert das Anordnen des Grüns ein wenig Geduld. Mit Heißkleber lassen sich die Blätter dann schnell und dauerhaft auf der Verpackung befestigen.

Material: *Seidenpapier, Blätter, Makrameegarn, Blütenranken, Gräser, Heißkleber*

Umwickeln Sie das Päckchen mit Seidenpapier. Kleben Sie anschließend Blatt für Blatt auf die Verpackung, bis das ganze Papier verdeckt ist. Binden Sie Makrameegarn um die Verpakkung, und befestigen Sie mehrere zur Schlaufe gebundene Gräser auf der Sichtseite. Mit einem Blütenzweig das Päckchen dekorieren.

Rundes Päckchen

Blätter, Blüten und Zweige kann man gut miteinander kombinieren. Passende Pflanzen erhält man im Blumenladen. Blätter und kleine Zweige können Sie aber auch von Ihrem nächsten Spaziergang mitbringen.

Material: *Seidenpapier, verschiedene Blätter, Zweige und Blütenranken, Makrameegarn, Heißkleber*

Zuerst umwickeln Sie das Geschenk mit Seidenpapier. Dann kleben Sie mehrere unterschiedliche Blätter auf die Verpackung und binden Makrameegarn um das Geschenk. Zum Schluß ein paar Zweige und Blütenranken auf dem Päckchen befestigen.

Geschenk mit Blattwedeln

Besonders schöne Blätter, Blattwedel oder Blüten werden für dieses Päckchen benötigt. Auf dem farblich passenden Seidenpapier kommen Form und Farbe des natürlichen Accessoires erst richtig zur Geltung.

Material: *Seidenpapier, Jute, Makrameegarn, Blattwedel*

Schlagen Sie das Päckchen in Seidenpapier ein. Legen Sie ein Reststück Jute auf die Sichtseite, und umwickeln Sie das Geschenk mit Makrameegarn. Binden Sie dann zwei Blattwedel auf der Verpackung fest.

Grünes Päckchen mit Zweigverschluß und Geschenk mit gebundenen Gräsern

Blätterpäckchen mit Blütenranke, rundes Päckchen und Geschenk mit Blattwedeln

Neues aus Packpapier und Wellpappe

Flasche mit Weinblättern

Umweltfreundliche Verpackungen müssen keineswegs trist aussehen. Verwenden Sie neben recyclingfähigen Materialien auch Dekorationsteile, die der Empfänger später weiterverwenden kann. Die Weinblätter sind beispielsweise ein hübscher Fenster- oder Raumschmuck.

Material: *ungebleichtes Geschenkpapier, Bastband, 1 Lederknopf, Metallfolie*

Wickeln Sie die Flasche in das ungebleichte Geschenkpapier ein (siehe Seite 29). Binden Sie um den Flaschenkopf eine Schleife aus Bastband, und verzieren Sie die Schleife mit einem Lederknopf. Dann schneiden Sie aus Metallfolie drei Weinblätter aus (siehe Seite 50). Die fertigen Blätter werden einfach hinter die Bastschleife gesteckt.

Gerollte Überraschung

Wie kommt die Rolle auf das Päckchen? Ganz einfach: Beim Zuschnitt wird das Papier so berechnet, daß am oberen Ende der Verpackung ein Papierstreifen zum Rollen übersteht.

Material: Packpapier, Bastband, Metallfolie, Doppelklebeband

Das Packpapier sollte mindestens die dreifache Länge des Geschenkes haben. Schlagen Sie das Päckchen in die unteren beiden Drittel des Papiers ein. Das obere Papierdrittel wird anschließend gerollt und auf dem Geschenk mit Doppelklebeband befestigt. Wickeln Sie Bastband in mehreren Lagen um die Verpackung, und binden Sie eine Schleife. Aus Metallfolie ein Weinblatt ausschneiden (siehe Seite 50) und auf das Päckchen kleben.

Brief mit Münzsiegel

Wertvolle Dinge können sich in einem Brief verbergen, der mit einer Münze versiegelt wurde. Das Weinblatt gibt es übrigens nirgends zu kaufen, es wird aus Metallfolie selbst hergestellt.

Material: *ungebleichtes Geschenkpapier, Packpapier, 1 Münze, Metallfolie, Doppelklebeband*

Schneiden Sie aus ungebleichtem Geschenk- und Packpapier je ein 40 x 30 cm großes Stück zu. Schlagen Sie das Packpapier an den Längskanten 2 cm um, falten Sie es in der Mitte und kleben Sie es an den umgeschlagenen Kanten zusammen. Das Geschenkpapier ebenfalls an den Längskanten 2 cm umschlagen und auf der Rückseite des Packpapierteils festkleben. Für die Lasche das Geschenkpapier an den Ecken nach innen umschlagen, so daß eine Spitze entsteht. Schlagen Sie nun die Lasche nach vorn um, und verschließen Sie den Brief mit einem Weinblatt aus Metallfolie (siehe Seite 50) und einer Münze.

Diagonale Verpackung

Wer sagt denn, daß man ein Päckchen nur mit einem einzigen Geschenkpapier verpacken darf? Diesmal sind es zwei miteinander harmonierende Papiere, die den Reiz der Geschenkhülle ausmachen.

Material: *Packpapier, ungebleichtes Geschenkpapier, Bastband, Doppelklebeband*

Wickeln Sie das Geschenk in das Packpapier ein. Dann schlagen Sie eine Hälfte des Päckchens diagonal in einen Streifen ungebleichtes Geschenkpapier ein. Binden Sie aus Bastband eine sogenannte »Achterschleife«. Wickeln Sie dazu ein Stück Bastband mehrmals in der Form einer »8« über den gespreizten Daumen und Zeigefinger der rechten Hand. Schlagen Sie eine

Flasche mit Weinblättern, gerollte Überraschung und Brief mit Münzsiegel

Diagonale Verpackung, Ziehharmonikaschachtel und Tüte mit Glücksschweinchen

Schlaufe in der Mitte der Kreuzverschnürung, und verknoten Sie die Bandenden miteinander. Die Achterschleife mit Doppelklebeband auf dem Päckchen befestigen.

Ziehharmonikaschachtel

Fächerfaltungen lassen sich äußerst vielseitig einsetzen. Hier wurde überstehendes Papier wie eine Ziehharmonika gefaltet und über die gesamte Oberseite der Schachtel gezogen.

Material: *Packpapier, Bastband, Doppelklebeband*

Schlagen Sie die Schachtel in das Packpapier ein. An der linken Seite steht ein Papierstück über, das dreimal so lang ist wie die Breite der Schachtel. Das überstehende Papierteil wie eine Ziehharmonika falten und anschließend über die Oberseite des Päckchens auf die rechte Seite ziehen. Dort wird es mit Doppelklebeband befestigt. Umwickeln Sie nun das Päckchen mehrmals mit Bastband, und knüpfen Sie in der Mitte aus mehreren gleichlangen Baststücken einen Knoten. Die losen Bastenden nach oben biegen.

Tüte mit Glücksschweinchen

Kleine Symbole, die dem Empfänger Glück bringen sollen, sagen oft mehr als viele Worte. Schweinchen, vierblättrige Kleeblätter, Hufeisen und Schornsteinfeger sind im Fachhandel als Abziehmotive erhältlich. Die »Nieten« der Tasche sind übrigens zweckentfremdete Musterklammern.

Material: *Packpapier, Bastband, selbstklebende Glückssymbole, Musterklammern, Locher*

Falten Sie aus Packpapier eine Tasche (siehe Seite 39), und bringen Sie an den seitlichen Rändern Musterklammern an. Die Tasche an der Oberkante zweimal lochen und Bastband durch die Öffnungen ziehen. Dann werden mehrere Streifen Bastband in der Mitte verknotet und am Verschluß angebracht. Ein Glücksschweinchen und ein vierblättriges Kleeblatt auf die Vorderseite der Tasche kleben.

Die neue Welle

Die auf Seite 112 und 113 abgebildeten Verpackungen werden nach demselben Prinzip gearbeitet: Man rollt Wellpappe zu unterschiedlichen Formen und stellt so stoßfeste Hüllen für zerbrechliche oder besonders wertvolle Geschenke her.

Material: *Wellpappe, Zierkordel, Alleskleber*

Die Verpackungen bestehen aus je zwei Seitenteilen und einem Grundteil. Für die Seitenteile benötigen Sie zwei 4 cm breite Wellpappestreifen. Die Länge der Streifen richtet sich nach dem benötigten Durchmesser der Geschenkhülle. Bestreichen Sie die glatte Seite der Wellpappe mit Klebstoff, und wickeln Sie die Streifen zu zwei gleichgroßen Rollen auf.
Variation: Bei der Flaschenverpackung wurden die Wellpappestreifen der oberen Rolle lagenweise versetzt angebracht, so daß sich eine Wölbung ergab.
Für das Grundteil schneiden Sie ein dem Geschenk entsprechendes Stück Wellpappe zu. Das Teil sollte sich zweimal um die Rollen wickeln lassen. Kleben Sie die Wellpappe an den glatten Seiten aufeinander, so daß das Grundteil aus einem beidseitig gewellten Pappstück besteht. Dann bestreichen Sie beide Rollen jeweils zur Hälfte mit Klebstoff und drücken sie an den oberen und unteren Kanten des Grundteils an. Das Grundteil um die Seitenteile wickeln und gut antrocknen lassen. Nach etwa zwei Stunden können Sie die Verpackung öffnen und das Geschenk hineinlegen. Wer möchte, polstert den Hohlraum zusätzlich mit Seidenpapier aus. Dann wird die Verpackung geschlossen und mit Zierkordel oder Geschenkband umwickelt.

Die neue Welle

Wellpappe schmückt und schützt wertvolle Geschenke

Ausgefallene Verpackungen

Kaktus

Eine Verpackungsidee für Leute mit Humor. Hinter den Stacheln des Kaktus kann sich durchaus eine liebevoll ausgesuchte Aufmerksamkeit verbergen.

Material: *grünes Kreppapier, Seidenpapier, Schaschlikspieße, Zierkordel, 1 kleiner Blumentopf*

Umhüllen Sie das Geschenk mit geknautschtem Seidenpapier bis eine Kugelfom entsteht. Wickeln Sie die Kugel in grünes Kreppapier ein, und binden Sie das Papier an beiden Enden mit Zierband zusammen. Dann wird der bis jetzt noch stachellose Kaktus auf einen Blumentopf gesetzt und mit in passender Länge abgebrochenen Schaschlikspießen gespickt.

Gruß mit Bastschleife

Hüllen mit zwei verschiedenfarbigen Papieren sind sehr reizvoll. Hier sind es, dem ökologischen Gedanken folgend, ungebleichtes Geschenkpapier und Tonpapier.

Material: *ungebleichtes Geschenkpapier, Tonpapier, Bastband, Papierkleber*

Schlagen Sie das Geschenk in Tonpapier ein. Bekleben Sie dann zwei gegenüberliegende Ecken des Päckchens mit Streifen aus ungebleichtem Geschenkpapier. Die Verpackung mit Bastband umwickeln und eine Schleife binden.

Farbige Dreiecke

Noch einmal das Spiel mit zwei Geschenkpapieren. Die orangefarbenen Dreiecke ragen zum Teil über den Rand der Verpakkung hinaus.

Material: *ungebleichtes Geschenkpapier, Tonpapier, Papierkleber*

Wickeln Sie das Päckchen in das ungebleichte Geschenkpapier. Schneiden Sie aus Tonpapier Dreiecke in verschiedenen Größen zu, und kleben Sie sie auf die Verpackung.

Gut geschnürt

Sportlichen Turnschuhen wurde der Verschluß dieser Geschenkhülle abgeschaut. Grobes, jeansblaues Maulbeerbaumrindenpapier verstärkt den modischen Eindruck der ausgefallenen Verpackung, über die sich nicht nur Kinder, sondern sicher auch ein »Rock-Opa« freuen würde.

Material: *Maulbeerbaumrindenpapier, Kordel, Locher*

Schlagen Sie das Geschenk in Maulbeerbaumrindenpapier ein. Wickeln Sie dann das Päckchen nochmals in eine zweite Lage Maulbeerbaumrindenpapier, und verschließen Sie die Verpakkung mit der Kordel. Dazu lochen Sie das Maulbeerbaumrindenpapier entlang der beiden aneinanderstoßenden Ränder und fädeln die Kordel durch die Löcher.

Schachtel aus Wellpappe

Verpackungsidee mit Variationen: Diesmal wurde ein Streifen Wellpappe um das Geschenkpäckchen gerollt.

Kaktus, Gruß mit Bastschleife und „farbige Dreiecke"

Material: *Wellpappe, ungebleichtes Geschenkpapier, Papierkleber*

Rollen Sie einen Streifen Wellpappe um das Päckchen, und kleben Sie die Pappe an den überlappenden Seiten zusammen. Aus ungebleichtem Geschenkpapier zwei Seitenteile falten, an den Rändern mit Papierkleber bestreichen und über die offenen Seiten der Wellpapperolle schieben.

„Gut geschnürt" und Schachtel aus Wellpappe

Marmoriertes Papier und Zeitungen

Ein kleines Dankeschön

Marmorierte Papiere verwendeten früher nur die Buchbinder. Heute kann man handmarmoriertes Papier in guten Schreibwarenläden erhalten. Es wirkt edel und wird mittlerweile nicht nur von Kennern geschätzt.

Material: *marmoriertes Papier, Metallfolie, Glückwunschaufkleber, 2 Musterklammern, 1 Metallknopf*

Umwickeln Sie den runden Karton mit marmoriertem Geschenkpapier. Kleben Sie auf einen etwa 2 cm breiten Streifen Metallfolie einen Glückwunschaufkleber mit dem Schriftzug: »Ein kleines Dankeschön«, und kleben Sie die Folie auf den Bauch der Verpackung. Für den Henkel einen 2 cm breiten und 30 cm langen Metallsteifen an den oberen Rand des Kartons kleben und mit den Köpfen von zwei Musterklammern verzieren. Dann einen Metallknopf auf den oberen Verpackungsverschluß setzen.

Herzlichen Glückwunsch

Auffallend an dieser Tasche ist der Henkel. Er wurde aus gewickeltem Messingdraht gestaltet.

Material: *marmoriertes Papier, Metallfolie, Glückwunschaufkleber, Messingdraht, Geschenkband, Lochband*

Falten Sie aus dem marmorierten Papier eine Tasche (siehe Seite 39). Bringen Sie auf einem Streifen Metallfolie mit den Maßen 9 x 2 cm den Glückwunschaufkleber mit dem Schriftzug »Herzlichen Glückwunsch« an, und kleben Sie das Schild auf die Vorderseite der Tasche. Für den Henkel Messingdraht in engen Windungen um einen Bleistift wickeln und wieder abziehen. Dann den Draht an beiden Enden oben an die verschlossene

Tasche kleben. An einer Seite des Henkels bringen Sie eine Schleife aus goldfarbenem Geschenk- und Lochband an.

Liebe Grüße

Das Schild der Verpackung wurde aus Metallfolie ausgeschnitten. Die Schriftzüge gibt's im Fachhandel zu kaufen. Sie brauchen nur noch aufgeklebt zu werden. Durch die Briefform der Geschenkhülle wirkt hier das Schild wie ein Siegel.

Material: *marmoriertes Papier, Metallfolie, Glückwunschaufkleber, Geschenkband, Lochband, 1 Messingperle, Doppelklebeband*

Falten Sie ein 27 x 42 cm großes Stück marmoriertes Papier in drei gleiche Teile. Schlagen Sie die Seiten etwa 1 cm um, und kleben Sie das untere Drittel an den Umschlagskanten auf das Mittelteil. Die Ecken des oberen Drittels nach innen knicken und den »Brief« schließen. Für das Siegel einen Streifen Metallfolie zuschneiden und mit dem selbstklebenden Schriftzug »Liebe Grüße« verzieren. Kleben Sie dann eine Schleife aus Loch- und Geschenkband sowie einer Messingperle auf die Lasche.

Kaffeetasche

Für größere Geschenke wie Kaffeekannen, Töpfe oder Vasen ist eine Tasche die geeignete Hülle. Sie läßt sich schnell in der gewünschten Größe anfertigen und kann nachher vom Empfänger weiterverwendet werden. Aus Zeitungspapier gestaltete Taschen sind natürlich besonders originell.

Material: *1 Zeitungsseite, 1 Heftstreifen, Locher, schwarzes Tonpapier, Alleskleber*

Falten Sie aus einer Zeitungsseite eine Tasche (siehe Seite 39). Lochen Sie die Tasche am oberen Rand, und verschließen Sie sie mit einem Heftstreifen. Aus schwarzem Zeichenkarton eine Kaffeekanne oder ein anderes Motiv ausschneiden, das einen Hinweis auf den Inhalt gibt. Die Kaffeekanne auf die Vorderseite der Tasche kleben.

Tip: Bei schweren Gegenständen ist es angebracht, den Taschenboden mit einem Stück Karton zu verstärken.

„Ein kleines Dankeschön", „Herzlichen Glückwunsch" und „Liebe Grüße"

Schlüsselkasten

Durch einfaches Falten von Papieren lassen sich die ausgefallensten Verpackungen herstellen. Hier ist es ein ziehharmonikaartig geknickter Papierstreifen, der von zwei seitlichen Deckeln zusammengehalten wird. Die Schlüssel an dem Lederband passen übrigens in das Schloß der daneben stehenden »Zeitungsflasche«.

Kaffeetasche, Schlüsselkasten und Zeitungsflasche

Material: *1 Zeitungsseite, schwarzes Tonpapier, schwarzes Lederband, Zierrosen, 2 Schlüssel*

Schneiden Sie aus der Zeitung einen Streifen zu, der sich dreimal quer um das Geschenkpäckchen wickeln läßt. Falten Sie den Streifen wie eine Ziehharmonika, und legen Sie ihn lose um das Geschenk. Dann werden die Seitenteile angefertigt: Schneiden Sie aus schwarzem Tonpapier entsprechend der Maße des Päckchens zwei Rechtecke zu. Falten Sie die beiden Papierteile entlang der Kanten etwa 2 cm nach innen, so daß Sie zwei gleich große Deckel erhalten. Schieben Sie die Deckel seitlich auf den Ziehharmonikastreifen, und verschließen Sie die Verpackung mit schwarzem Lederband, an dem zwei Schlüssel hängen. Zum Schluß wird das Päckchen mit Zierrosen dekoriert.

Zeitungsflasche

Besonderen Pfiff erhält die Flaschenhülle, wenn Sie zum Verpakken eine Zeitungsseite wählen, die den Empfänger interessiert. Fußballfans erhalten die Ergebnisse der Spiele vom letzten Wochenende, Hobbytüftler die Seite mit dem Kreuzworträtsel und Autofreaks die neusten Angebote über Felgen, Reifen oder Tuningzubehör.

Material: *1 Zeitungsseite, schwarzes Tonpapier, Zierrosen, Lederband, 1 Sicherheitsschloß, schwarzes Klebeband*

Wickeln Sie die Flasche in das Zeitungspapier ein (siehe Seite 29). Dann schmücken Sie den oberen und unteren Rand der Verpackung mit je einem Streifen Tonpapier. Einen Strauß Zierrosen mit schwarzem Klebeband am oberen Tonpapierstreifen anbringen und ein Lederband mit Sicherheitsschloß an die Rosenstiele hängen.

Tierische Verpackungen

Katze

Fast zu schade zum Auspacken: Man muß nicht unbedingt Tierfreund sein, um sich über die lustige Katze aus Papier zu freuen. In der Verkleidung kann sich eine Flasche, aber auch ein zusammengerolltes Poster verstecken.

Material: *schwarzes Geschenkpapier, schwarzes und weißes Buntpapier, schwarze Pfeifenputzer, schwarzes 1Klebeband, rotes und schwarzes Geschenkband*

Rollen Sie die Flasche in das schwarze Geschenkpapier. Falten Sie oben überstehendes Papier wie eine Ziehharmonika, und drücken Sie es in der Mitte nach unten (siehe Seite 34). Übertragen Sie dann die Motive »Auge«, »Schnäuzchen« und »Latz« auf weißes Buntpapier, und schneiden Sie die Teile aus. Anschließend werden aus schwarzem Buntpapier die Barthaare, die Pupillen und die Pfoten ausgeschnitten. Sämtliche Teile vorn auf die Verpackung kleben. Für den Schwanz werden vier Pfeifenputzer zusammengedreht und mit schwarzem Klebeband auf der Rückseite der Flasche angebracht. Zum Schluß binden Sie der Katze eine schwarz-rote Schleife um den Hals.

Papagei

Ein paar Federn, Pfeifenreiniger und Tonpapierreste - und schon erhält eine Pralinenschachtel oder ein Buch Flügel. Den Papagei werden »lustige Vögel« sicher zu schätzen wissen.

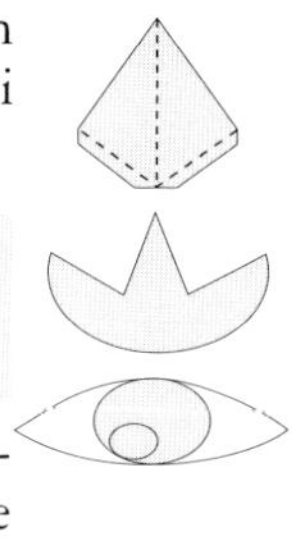

Material: *Geschenkpapier, rotes und schwarzes Tonpapier, Buntpapier, Federn, Pfeifenputzer, Alleskleber*

Schlagen Sie das Päckchen in das Geschenkpapier ein. Übertragen Sie die Motive für die Augen auf Buntpapier, schneiden Sie die Teile aus, und kleben Sie sie fest. Die Füße aus rotem und den

Schnabel aus schwarzem Tonpapier ausschneiden, an den angegebenen Linien falten und mit Alleskleber anbringen. Für die Flügel und den Kopfputz drehen Sie jeweils sechs bis acht bunte Federn mit einem Pfeifenputzer zusammen und kleben sie auf dem Päckchen fest.

Glücksschwein

Dieses Schweinchen ist eine originelle Möglichkeit, dem Beschenkten zu sagen: »Ich wünsche Dir alles erdenklich Gute!« Verwenden Sie möglichst rosafarbenes Geschenkpapier zum Verpacken, um die Illusion perfekt zu machen.

Material: *rosafarbenes Geschenkpapier, grüner und rosafarbener Zeichenkarton, Geschenkband, Filzstift, Alleskleber*

Wickeln Sie eine kleine Dose in Geschenkpapier ein. Dann schneiden Sie aus rosafarbenem Zeichenkarton Kopf, Ohren, Beine und Schwänzchen zu. Malen Sie mit schwarzem und weißem Filzstift Augen und Schnäuzchen auf den Kopf, und kleben Sie ihn vorn an der Dose fest. Die Beine seitlich anbringen; das Schwänzchen über einer Schere rollen und am hinteren Dosenteil befestigen. Schneiden Sie nun aus grünem Zeichenkarton ein vierblättriges Kleeblatt aus, und stecken Sie es durch ein kleines Loch in der Schnauze. Wer möchte, kann dem Schweinchen zum Schluß noch eine breite Zierschleife um den Bauch binden.

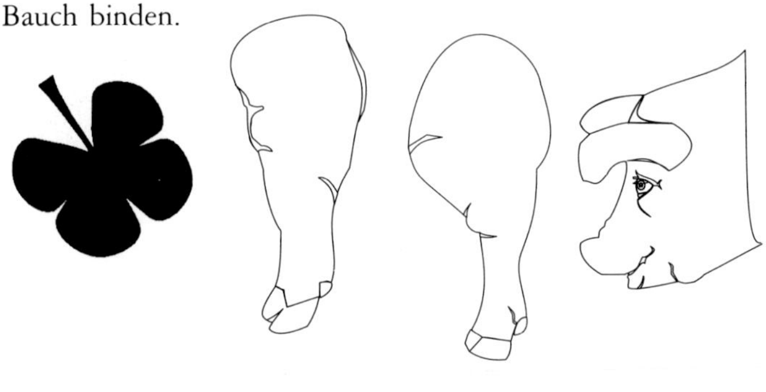

Katze, Papagei und Glücksschwein

Register

Ausgefallene Formen 36
Ausgefallene Verpackungen 114

Blätter, Blüten und Zweige 102
Blätterpäckchen mit Blütenranke 103
Blaue Tüte 66
Blauweißes Überraschungspäckchen 83
Bonbonpäckchen 59
Brief mit Münzsiegel 107

Carmen & Co. 67

Das Sechseck 82
Dekorationen 44
Der besondere Anlaß 80
Diagonale Verpackung 107
Die neue Welle 111
Dose mit gerollter Spitze 26
Dose mit Ringellocken 23

Ein kleines Dankeschön 118
Einfache Flaschenverpackung 29
Er 62

Fächer 47
Fächerflasche 31
Fächerpäckchen 70
Fächerpräsent 80
Farbige Dreiecke 115
Federpyramide 67
Flaggschiff 99
Flasche mit Faltendekor 34
Flasche mit Nostalgiebild 75
Flasche mit Schirmchen 82
Flasche mit Schleife 74
Flasche mit Weinblättern 106
Flaschenverpackungen 28
Fransenflasche 54
Fünfundzwanzig 55

Gebundene Schleife 45
Geburtstag von „Ihm" 55
Geburtstag von „Ihr" 52
Geldgeschenke 96
Geldsack 98
Geldschein im Rahmen 96
Gerollte Überraschung 106
Geschenk mit Blattwedeln 104
Geschenk mit gebundenen Gräsern 102
Geschenke rund ums Jahr 52
Glücksschwein 124
Griechische Säule 91
Grünes Päckchen mit Zweigverschluß 102
Grundtechniken 12
Gruß mit Bastschleife 114
Gruß mit Lilie 58
Gruß mit Schleife 54
Gut geschnürt 115

»h« 63
Herzlichen Glückwunsch 118
Hochzeit 86

Jubiläum 91
Jubiläumsbrief 95

Jubiläumspyramide 94

Kaffeetasche 119
Kaktus 114
Katze 123
Kindergeburtstag 58
Klassische Schachtelverpackung 13

Langes Päckchen 90
Liebe Grüße 119

Marmorierte Flasche 94
Marmoriertes Papier und Zeitungen 118
Material und Werkzeug 9
Messingpäckchen 74
Metallformen 50
Minipäckchen 87
Moderne Kunst 66

Namenstag 62
Neues aus Packpapier und Wellpappe 106

Ostern 70
Osternest 71
Ostertüte 71

Päckchen mit Schleife 87
Päckchen mit Weihnachtskugel 75
Papagei 123
Pinkfarbenes Weihnachtspäckchen 78
Präsent mit Fächer 79
Pyramide 42

Rosen für die Braut 86
Rosettenschleife 46
Runde Überraschung 89
Rundes Päckchen 103
Rundverpackungen 20

Schachtel aus Wellpappe 115
Schachtel mit Rolle 18
Schachtel mit Tuff 15
Schachtelverpackungen 12
Schleifenpäckchen 79
Schleifentasche 70
Schlüsselkasten 121
Schlüsseltüte 91
Schmetterlingspäckchen 52
Schwarz und Gold 55
Silberflasche 86
Spardose 99

Tasche 39
Taufe 80
Tierische Verpackungen 123
Traditionelle Dosenverpackung 21
Tüte 37
Tüte mit Glücksschweinchen 110

Überraschung mit Trinkhalmen 59

Verpackungen mit Naturmaterialien 96
Von A bis E 62
Vorwort 7

Weihnachten 74
Wertvolle Schmetterlinge 98
Wickelflasche 83
Witzige Wolken 61
Würfel 58

Zeitungsflasche 122
Ziehharmonikaschachtel 110

Weitere Titel aus dem humboldt-Programm zum Thema Freizeit & Hobby (eine Auswahl)

Künstlerisches Gestalten

Aquarellmalerei	*ht 426*
Schöne Schriften	*ht 508*
Seidenmalerei	*ht 509*
Karikaturen zeichnen	*ht 637*
Origami – Zaubereien mit Papier	*ht 716*

Fotografie

Fotokurs	*ht 475*
Fototricks	*ht 478*
Schluß mit Fotopannen!	*ht 607*
Fotolexikon	*ht 650*
Der große Humboldt-Farbfotokurs	*ht 934*

Video

Das große 1 x 1 des Video-Filmens	*ht 931*
Video für Könner	*ht 941*
Praxishandbuch Video & Computer	*ht 952*

Quiz

Frag mich was!	*ht 079*
Hätten Sie's gewußt?	*ht 621*
Quizbuch der Rekorde und Superlative	*ht 666*
Kino-Steckbriefe	*ht 727*
Musik-Steckbriefe	*ht 728*
Wie viele Doktorhüte hatte Einstein?	*ht 731*

Rätsel

Kreuzworträtsel-Lexikon	*ht 091*
Kreuzworträtsel-Lexikon A–Z	*ht 263*

Spiele

Schach für Anfänger	*ht 085*
Billard	*ht 419*
Backgammon für Anfänger	*ht 667*
Poolbillard	*ht 730*

Verschiedenes

Kegeln	*ht 243*
Gästebuch und Poesiealbum	*ht 287*
Tanzen	*ht 362*
Dichten und Reimen	*ht 545*
1000 Ideen für fröhliche Feste	*ht 623*
So macht Tanzen noch mehr Spaß!	*ht 685*
Einfach aus der Luft gegriffen – ein Jonglierkurs	*ht 729*
HARDY's Zauberbuch	*ht 951*